미성년 자녀를 양육하는 부모님들을 위한

양육비 제도
길라잡이

미성년 자녀를 양육하는 부모님들을 위한

양육비 제도
길라잡이

법무법인 지율 지음

변호사가 알려주는
양육비 제도 해설

이혼을 하게 되면 무조건 자녀를 양육하는
전 배우자에게 양육비를 지급해야 할까요?
금액은 누가 정할까요? 지급하지 않으면
어떤 일이 벌어지는 것일까요?
누구에게 도움을 요청해야 하며
변호사는 어떤 일을 할까요?

좋은땅

발간사

　법무법인 지율은 수원의 공동법률사무소 지율, 대구의 법률사무소 우인을 전신으로 하여 2023년 연말에 출범한 이후, 첫 프로젝트로 이 양육비 책자를 발간하게 된 것에 대하여 큰 의미를 부여하고 싶습니다.

　저희 법무법인 지율은 2016년부터 양육비 사건을 맡아 수행하여 8년여간 다양한 형태의 양육비 사건을 접하면서 얻은 경험이 있습니다. 이 사건들에서 알게 된 것은 양육비 제도에 대해서 실제로 잘 알아야 하는 부모님들이 너무 잘 몰라서 양육비 제도에 대한 오해와 불신이 있다는 점이었습니다. 물론 양육을 하지 않고 있는 부모님들 역시 잘 몰라서 생기는 문제나 법적인 곤란함도 확인할 수 있었습니다.

　이러한 이유로 이 책자를 기획하면서 저희가 목표하고자 한 것은 양육비 제도를 최대한 현장의 부모님들 또는 조부모님들이 이해하기 쉽게 정리하는 것이었습니다. 그리고 이를 통하여 실제 양육비 제도의 수혜를 받아야 하는 미성년 자녀들이 행복해지기를 바랍니다.

　무쪼록 이 책자가 이와 같은 역할을 할 수 있기를 바라며, 이 책지의 발간에 힘씨 준 법무법인 지율 구성원 모두에게 깊은 감사의 말을 전합니다.

법무법인 지율 대표변호사 우원상

목차

Ⅰ

총론

1. 양육비란?

    혹시 "숨만 쉬어도 돈이 나간다."는 푸념을 들어보셨나요? 어쩌면 이것은 자본주의 사회에서 너무 당연한 말일지도 모르지만, 그 당연한 말 한마디가 우리의 한숨이 늘어나는 이유이기도 합니다. 그래서 우리는 스스로 경제활동을 하며 살아갈 수 있을 때 '독립했다.'는 표현을 사용합니다. 그렇습니다. 누구나 살아가기 위해서는 돈이 필요합니다.

    하지만 혼자의 힘만으로는 경제생활을 할 수 없는 사람들도 있습니다. 혹시 누가 떠오르시나요? 맞습니다. 아직 어린 아이들입니다. '태어날 때 자기 밥그릇은 가지고 태어난다.'는 말이 있는데요. 우리 민법에서는 미성년 자녀를 양육하며 친권을 행사하는 부모에게 자녀의 '밥그릇'을 챙겨줄 것을 **의무**로 정하고 있습니다.

    "미성년 자녀를 양육하며 친권을 행사하는 부모는 자녀를 보호하고 교양할 권리의무가 있다"(민법 제913조)

    그러면 만약 여러 가지 사정으로 자녀의 부모가 이혼을 하고 따로 살게 된다면 어떻게 될까요? 이런 경우 법원은 원칙적으로 따로 살고 있는 부모도 자녀의 양육에 필요한 비용을 분담해야 한다고 보고 있습니다. 자녀와 함께 살고 있지 않는 부모라도 아이의 인생을 위해 '양육비'를 부담해야 한다는 것입니다. 자녀들의 손에 사회가 인정한 '권리'가 쥐어지는 순간입니다.

    하지만 안타깝게도 생각보다 많은 아이들이 소중한 권리를 누리지 못하고 있습니다. 그래서 새로운 법률이 만들어졌습니다. 바로 「양육비 이행확보 및 지원에 관한 법률」입니다. 법률의 이름이 길어서 이 책에서는 편의상 **'양육비이행법'**이라고 줄여서 부르겠습니다.

이 법률이 만들어진 이유에 대해서 다음과 같이 밝히고 있습니다.

◇ 제정이유

통계청의 「2012년 혼인·이혼통계」에 따르면, 2012년에 이혼한 114,316가정 중 미성년 자녀가 있는 가정은 60,317가정으로 전체 이혼가정의 52.8%를 차지하고 있고, 2012년 한국여성정책연구원의 조사에 따르면 미혼 한부모 가정의 미성년 자녀는 약 3만 5천명에 달하고 있으나, 자녀 양육비의 안정적인 확보를 위한 법·제도적 장치는 아직 미흡하고 특히, 양육부·모가 양육비 채권에 대한 집행권원을 부여받았음에도 양육비 채무자가 양육비 집행을 하지 않는 경우, 소송 등을 통하여 양육비의 이행을 확보하기에는 시간 및 비용이 과다 소모되어 실질적으로 양육비의 청구 및 이행을 강제하기 어려운 실정인바, 자녀 양육에 대한 경제적 어려움을 겪는 한부모 가정이 양육비의 원활한 이행을 확보할 수 있도록 지원 체계를 마련하고, 한시적 양육비 긴급 지원제도를 통하여 미성년 자녀가 최소한의 생존권을 누릴 수 있도록 지원함으로써 미성년 자녀의 안전한 양육 환경을 조성할 수 있도록 하려는 것임.

상당히 길지만 요약하면 '양육비를 받을 권리가 있는 경우 실제로 받을 수 있도록 법으로 정하자'는 내용입니다. 이 법률에는 양육비를 받기 위한 여러 가지 방법이 마련되어 있습니다.

그럼 이혼을 하게 되면 무조건 자녀를 양육하는 전 배우자에게 양육비를 지급해야 할까요? 금액은 누가 정할까요? 지급하지 않으면 어떤 일이 벌어지는 것일까요? 누구에게 도움을 요청해야 하며 변호사는 어떤 일을 할까요? 간단한 것 같지만 복잡하고 알쏭달쏭한 양육비, 지금부터 하나씩 설명하겠습니다.

Q. 전 배우자에 대한 부양료 지급도 양육비인가요?

A. 아닙니다. 부양료와 양육비는 다른 권리이기 때문입니다. 「민법」에는 부부간에 서로를 부양할 의무가 있다고 명시되어 있습니다(제826조 제1항). 위 법률에 따라 배우자에게 "당신은 나를 부양해야 하니 돈을 달라"고 하는 것이 부양료 청구입니다. 자녀의 양육을 위해 지급하는 양육비와는 다릅니다. 그러나 부부간 부양의무는 법률상 부부인 경우에만 인정되는 것이므로, 부부가 아닌 전 배우자에게는 부양료를 지급할 필요가 없습니다(전 배우자가 이혼하기 전 청구한 부양료를 지급하는 것은 예외입니다).

2. 양육비를 받을 수 있는 경우

「민법」에서는 부모가 이혼할 때 자녀의 양육과 관련된 사항을 협의하라고 정하고 있습니다(민법 제837조). 부모의 이혼과 상관없이 자녀는 성인이 될 때까지 건강하게 성장할 수 있어야 하기 때문입니다.

〈민법〉

제837조(이혼과 자의 양육책임) ① 당사자는 그 자의 양육에 관한 사항을 협의에 의하여 정한다.

② 제1항의 협의는 다음의 사항을 포함하여야 한다. 〈개정 2007. 12. 21.〉

　1. 양육자의 결정

　2. 양육비용의 부담

　3. 면접교섭권의 행사 여부 및 그 방법

③ 제1항에 따른 협의가 자(子)의 복리에 반하는 경우에는 가정법원은 보정을 명하거나 직권으로 그 자(子)의 의사(意思)·나이와 부모의 재산상황, 그 밖의 사정을 참작하여 양육에 필요한 사항을 정한다.

④ 양육에 관한 사항의 협의가 이루어지지 아니하거나 협의할 수 없는 때에는 가정법원은 직권으로 또는 당사자의 청구에 따라 이에 관하여 결정한다. 이 경우 가정법원은 제3항의 사정을 참작하여야 한다.

⑤ 가정법원은 자(子)의 복리를 위하여 필요하다고 인정하는 경우에는 부·모·자(子) 및 검사의 청구 또는 직권으로 자(子)의 양육에 관한 사항을 변경하거나 다른 적당한 처분을 할 수 있다.

⑥ 제3항부터 제5항까지의 규정은 양육에 관한 사항 외에는 부모의 권리의무에 변경을 가져오지 아니한다.

그러나 이혼하면서 양육비를 지급하기로 했더라도 약속을 지키지 않는 경우가 많습니다. 또한 모든 자녀가 결혼한 부모 사이에서 태어나는 것은 아닙니다. 예를 들어 미혼모 가정은 이혼을 하는 것이 불가능하기 때문에 양육비에 관한 협의를 할 기회가 없습니다.

이해를 돕기 위하여 실제로 양육비 사건을 진행하며 의뢰인들에게 받은 질문들을 소개하고자 합니다. 과연, 법정 밖 현실은 어떨까요?

Q. 이혼까지는 생각하고 있지 않지만, 서로 별거를 하자고 얘기한 상황입니다. 이런 경우에도 양육비를 받을 수 있을까요?

A. 네, 별거하는 경우에도 양육비를 청구할 수 있습니다. 그런데 만일 아이를 키우는 부모가 청구하지 않는다면, 지급하지 않아도 됩니다. 양육비는 '달라는 요청'을 하여야 받을 수 있는 권리이기 때문입니다.

Q. 전에 만나던 사람과 헤어지고 나서 그 사람의 아이를 낳았는데, 상대방은 출산 사실을 모릅니다. 이런 경우에도 양육비를 받을 수 있을까요?

A. 받을 수 있습니다. 다만, 자녀의 친부를 법적으로 확인하는 과정을 먼저 거쳐야 합니다. 친아버지와 자녀 관계가 법적으로 인정되어야 양육비를 받을 수 있기 때문입니다. 당연히 친부가 스스로 "이 아이가 내 자식입니다"라고 인정하면 가장 좋겠지만, 그렇지 않으면 '인지청구의 소'라는 재판을 진행하여 친아버지임을 확인받아야 합니다. 위 과정에서는 유전자 검사가 활용됩니다. 실제로는 인지청구 소송과 양육비 소송을 함께 묶어서 진행합니다.

Q. 양육비를 아이가 성인이 될 때까지만 받을 수 있다고 하는데요, 적어도 아이가 결혼할 때까지는 받을 수 있어야 하는 거 아닌가요?

A. 최근에는 성인이 되어도 부모로부터 독립하지 못한 자녀들, 즉 캥거루족이 많습니다. 따라서 현실적으로 자녀가 결혼하거나 독립할 때까지 드는 돈이 상당합니다. 그러나 법으로는 미성년자에 대해서만 양육비 지급의무가 발생하는 것으로 정하고 있습니다. 아울러 자녀가 미성년자일 때 혼인을 한 경우에는 법적으로 성년으로 여겨집니다(민법 제826조의2). 따라서 미성년 자녀가 결혼을 하였다면 그 이후부터 양육비를 청구할 수 없습니다.

Q. 전전 배우자와의 사이에서 낳은 아이를 전 배우자와 함께 양육하였습니다. 전 배우자에게도 양육비를 받을 수 있을까요?

A. 자녀에게 양육비를 지급할 의무가 있는 사람은 친부모이기 때문에 기른 정이 있다고 하더라도 친부모가 아닌 전 배우자는 양육비를 지급할 의무가 없습니다.

Q. 이혼한 상대방이 아이를 데리고 해외로 갔습니다. 이제 저는 양육비를 주지 않아도 괜찮은 걸까요?

A. 양육비 지급의무는 해외거주와 관계가 없고 국적하고도 관계가 없습니다. 오로지 친자녀인지 여부가 중점이므로 자녀의 해외거주 여부와 관계없이 정해진 양육비를 지급하여야 합니다.

Q. 전 배우자가 아이를 만날 수는 없게 하면서 일방적으로 양육비만 달라고 하는데 아이를 만나게 해주기 전까지 양육비를 주지 않아도 괜찮은 걸까요?

A. 전 배우자가 아이를 보여줄 의무, 즉 면접교섭 의무를 이행하지 않더라도 양육비를 지급하지 않아도 되는 것은 아닙니다. 다만, 면접교섭 의무를 이행하지 않으면 별도의 법적인 조치를 취할 수 있습니다.

Q. 제가 준 양육비가 아이를 위해서가 아니라 다른 곳에 사용되는 것 같습니다. 이런 경우에도 계속 양육비를 지급해야 하는 건가요?

A. 양육비를 지급하면서 양육비의 사용처를 제한할 수는 없습니다. 이를 어떻게 활용하는지는 양육자의 자유이기 때문입니다. 그러나 자유가 무한정 인정되는 것은 아니기 때문에, 양육비를 불필요한 곳에 지출하며 자녀를 제대로 양육하지 않는다는 것을 이유로 하여 법원에 '양육자 변경'이나 '양육비 변경'을 요청하는 것은 가능합니다.

Q. 전 배우자를 못 믿어서 아이들 계좌로 직접 양육비를 주려고 하는데 가능한가요?

A. 서로 협의하여 양육비를 자녀의 계좌로 이체하는 것도 가능합니다. 다만, 자녀의 계좌로 이체하면 양육자가 양육비를 활용하기 불편할 수 있습니다.

Q. 전 배우자가 파산, 개인회생 절차를 준비 중이라고 합니다. 아이에 대한 양육비를 못 받거나 적게 받게 되는 걸까요?

A. 양육비를 받을 수 있는 권리가 사라지지는 않습니다. 채무자가 양육자나 부양의무자로서 부담하는 비용은 파산이나 회생을 하더라도 면제되지 않기 때문입니다(「채무자 회생 및 파산에 관한 법률」제566조 제8호, 제625조 제2항 제8호). 다만 실제 파산 직후나 개인회생 기간 중에 양육비의 지급이 다소 지연될 수 있습니다.

3. 양육비는 얼마나 받을 수 있을까?

전국 각 지방에 있는 가정법원을 대표하여 서울가정법원은 2012. 5. 30.부터 양육비 산정기준표라는 것을 만들어서 공지하고 있습니다. 이 양육비 산정기준표는 부모의 소득과 자녀의 나이를 기준으로 하여 각 구간별 표준 양육비를 정하고 있습니다. 가장 최근 공지된 양육비 산정기준표는 2021. 12. 22.자로 공지된 것입니다. 이 양육비 산정기준표에 따라 부모소득의 비율, 가령, 양육자와 비양육자가 2:1의 비율로 소득을 얻고 있다면 양육비 산정기준표에 기재된 표준양육비의 1/3에 해당하는 금액을 양육비로 구할 수 있습니다.

2021년 양육비 산정기준표

자녀 만 나이 / 부모합산소득	0~199만 원	200~299만 원	300~399만 원	400~499만 원	500~599만 원	600~699만 원	700~799만 원	800~899만 원	900~999만 원	1,000~1,199만 원	1,200만 원 이상
0~2세 평균양육비(원)	621,000	752,000	945,000	1,098,000	1,245,000	1,401,000	1,502,000	1,709,000	1,997,000	2,095,000	2,207,000
0~2세 양육비 구간	264,000~686,000	687,000~848,000	849,000~1,021,000	1,022,000~1,171,000	1,172,000~1,323,000	1,324,000~1,491,000	1,492,000~1,685,000	1,686,000~1,893,000	1,894,000~2,046,000	2,047,000~2,151,000	2,152,000 이상
3~5세 평균양육비(원)	631,000	759,000	949,000	1,113,000	1,266,000	1,422,000	1,598,000	1,807,000	2,017,000	2,116,000	2,245,000
3~5세 양육비 구간	268,000~695,000	696,000~854,000	855,000~1,031,000	1,032,000~1,189,000	1,190,000~1,344,000	1,345,000~1,510,000	1,511,000~1,702,000	1,703,000~1,912,000	1,913,000~2,066,000	2,067,000~2,180,000	2,181,000 이상
6~8세 평균양육비(원)	648,000	767,000	959,000	1,140,000	1,292,000	1,479,000	1,614,000	1,850,000	2,065,000	2,137,000	2,312,000
6~8세 양육비 구간	272,000~707,000	708,000~863,000	864,000~1,049,000	1,050,000~1,216,000	1,217,000~1,385,000	1,386,000~1,546,000	1,547,000~1,732,000	1,733,000~1,957,000	1,958,000~2,101,000	2,102,000~2,224,000	2,225,000 이상
9~11세 평균양육비(원)	667,000	782,000	988,000	1,163,000	1,318,000	1,494,000	1,630,000	1,887,000	2,137,000	2,180,000	2,405,000
9~11세 양육비 구간	281,000~724,000	725,000~885,000	886,000~1,075,000	1,076,000~1,240,000	1,241,000~1,406,000	1,407,000~1,562,000	1,563,000~1,758,000	1,759,000~2,012,000	2,013,000~2,158,000	2,159,000~2,292,000	2,293,000 이상
12~14세 평균양육비(원)	679,000	790,000	998,000	1,280,000	1,423,000	1,598,000	1,711,000	1,984,000	2,159,000	2,223,000	2,476,000
12~14세 양육비 구간	295,000~734,000	735,000~894,000	895,000~1,139,000	1,140,000~1,351,000	1,352,000~1,510,000	1,511,000~1,654,000	1,655,000~1,847,000	1,848,000~2,071,000	2,072,000~2,191,000	2,192,000~2,349,000	2,350,000 이상
15~18세 평균양육비(원)	703,000	957,000	1,227,000	1,402,000	1,604,000	1,794,000	1,964,000	2,163,000	2,246,000	2,540,000	2,883,000
15~18세 양육비 구간	319,000~830,000	831,000~1,092,000	1,093,000~1,314,000	1,315,000~1,503,000	1,504,000~1,699,000	1,700,000~1,879,000	1,880,000~2,063,000	2,064,000~2,204,000	2,205,000~2,393,000	2,394,000~2,711,000	2,712,000 이상

전국의 양육자녀 2인 가구 기준

기본원칙

① 자녀에게 이혼 전과 동일한 수준의 양육환경을 유지하여 주는 것이 바람직함

② 부모는 현재 소득이 없더라도 최소한의 자녀 양육비에 대하여 책임을 분담함

 산정기준표 설명

① 산정기준표의 표준양육비는 양육자녀가 2인인 4인 가구 기준 자녀 1인당 평균양육비임

② 부모합산소득은 세전소득으로 근로소득, 사업소득, 부동산 임대소득, 이자수입, 정부보조금, 연금 등을 모두 합한 순수입의 총액임

③ 표준양육비에 아래 가산, 감산 요소 등을 고려하여 양육비 총액을 확정할 수 있음
   1) 부모의 재산상황(가산 또는 감산)
   2) 자녀의 거주지역(도시 지역은 가산, 농어촌 지역 등은 감산)
   3) 자녀 수(자녀가 1인인 경우 가산, 3인 이상인 경우 감산)
   4) 고액의 치료비
   5) 고액의 교육비(부모가 합의하였거나 사건본인의 복리를 위하여 합리적으로 필요한 범위)
   6) 비양육자의 개인회생(회생절차 진행 중 감산, 종료 후 가산 고려)

출처: 서울가정법원, 「2021 양육비 산정기준표」, 2021

1. 양육비 산정절차 흐름도

표준양육비 결정
(양육비 산정기준표상 자녀 나이, 부모 합산 소득의 교차점)

양육비 총액 확정
(표준양육비에 개별 사정에 의한 가산, 감산요소를 적용)

양육비 분담비율 결정
(부모 합산 소득 중 양육자와 비양육자의 소득비율)

비양육자가 지급할 양육비 산정
(양육비 총액 × 비양육자의 양육비 분담비율)

〈서울가정법원 2021년 양육비산정기준표 해설서, 2021〉
출처: 서울가정법원, 「2021 양육비 산정기준표 해설서」, 2021, 35면 참조

다만, 이 표가 법적으로 절대적인 기준이 되는 것은 아닙니다. 예를 들어, 부모의 소득은 낮지만 어마어마한 재산이 있는 경우, 부모의 소득은 높지만 병원비 지출이 높은 경우 등 특별한 사정이

있을 수 있습니다. 법원은 대체로 표준양육비를 기준으로 하되, 각 가정의 상황을 고려해서 양육비를 정하고 있습니다. 그리고 당사자가 합의하는 경우에는 기준표보다 많거나 적은 금액으로 양육비를 정할 수 있습니다.

Q. 제가 아이를 위해 사용하고 있는 돈 전부를 양육비로 청구할 수 있을까요?

A. 현재 자녀를 위하여 지출하고 있는 금액이 고려될 수는 있지만 전부를 양육비로 받기는 어렵습니다. 양육비를 정할 때는 실제로 지출하는 비용뿐만 아니라, 자녀의 나이와 부모의 경제사정(소득이나 부채 등)을 모두 고려하기 때문입니다.

Q. 상대방이 버는 돈 전부를 양육비로 받고 싶은데 가능한가요?

A. 상대방의 생활도 고려해야 하기 때문에 버는 돈 전체를 양육비로 받을 수는 없습니다. 양육비 산정 기준표도 이런 부분을 고려해서 표준 양육비를 정하고 있음을 확인할 수 있습니다.

Q. 상대방이 소득이 전혀 없다며 양육비를 줄 수 없다고 합니다. 양육비를 받을 수 없는 걸까요?

A. 앞서 말씀드린 것처럼 상대방에게 소득이 없더라도 최저 양육비를 부담하여야 합니다. 다만, 상대방이 질병 등의 사유로 돈을 벌 수 없는 경우 양육비 부담의무가 면제될 수 있습니다.

Q. 아이가 지병이 있어서 지속적으로 병원치료를 받고 있어요. 병원비를 양육비로 받을 수 있을까요?

A. 병원비 자체를 별도의 양육비로 받는 것은 어렵습니다. 그러나 만일 해당 질병이 지병이고 지속적인 치료가 필요한 상황이라면 양육비 금액을 정할 때 '앞으로도 병원비 지출이 필요하다는 점'을 반영할 수는 있습니다. 그리고 이미 양육비를 정했는데, 예상치 못하게 새로이 병이 걸리거나 장애가 생겨서 지속적으로 치료를 받아야 하는 상황이 발생하였다면 법원에 양육비의 변경을 구할 수 있습니다.

Q. 아이와 추억을 쌓고 싶어서 분기마다 해외여행을 가고 있어요. 이 여행비도 양육비를 정할 때 반영될 수 있을까요?

A. 상대방에게 받은 양육비를 자녀교육을 위한 해외여행 비용으로 지출하는 것은 양육자의 자유입니다. 그러나 해외여행을 주기적으로 간다는 이유만으로는 추가적인 양육비나 더 높은 수준의 양육비를 청구하기는 어렵습니다.

양육비 받을 권리를
얻는 방법

1. 협의이혼의 경우

이혼을 쉽게 결정하는 사람은 없습니다. 아무리 혼인기간이 짧더라도 당사자들은 고민을 거듭하여 이혼을 결심합니다. 특히 배우자와의 사이에 자녀가 있는 경우에는 고민이 깊어집니다. 이혼이 자녀의 삶에도 영향을 미치기 때문입니다.

가정법원도 미성년 자녀가 있는 경우에는 이혼을 신중하게 결정하라는 취지에서 3개월의 숙려기간을 가지도록 하고 있습니다(민법 제836조의2 제2항 제1호). 또한 양육권과 친권은 물론 양육비의 부담에 관한 내용도 협의할 것을 요구합니다(제836조의2 제4항, 제5항, 제837조).

〈민법〉
제836조의2(이혼의 절차) ② 가정법원에 이혼의사의 확인을 신청한 당사자는 제1항의 안내를 받은 날부터 다음 각 호의 기간이 지난 후에 이혼의사의 확인을 받을 수 있다.
　1. 양육하여야 할 자(포태 중인 자를 포함한다. 이하 이 조에서 같다)가 있는 경우에는 3개월
④ 양육하여야 할 자가 있는 경우 당사자는 제837조에 따른 자(子)의 양육과 제909조제4항에 따른 자(子)의 친권자결정에 관한 협의서 또는 제837조 및 제909조제4항에 따른 가정법원의 심판정본을 제출하여야 한다.
⑤ 가정법원은 당사자가 협의한 양육비부담에 관한 내용을 확인하는 양육비부담조서를 작성하여야 한다. 이 경우 양육비부담조서의 효력에 대하여는 「가사소송법」 제41조를 준용한다.

Q. 협의이혼을 생각하고 있습니다. 이럴 때는 양육비를 어떻게 정해야 하는 걸까요?

A. 미성년인 자녀가 있다면 협의이혼을 할 경우 양육비용에 관한 협의가 별도로 이루어져야 합니다. 만약, 협의가 이루어지지 않는다면 법원에 청구하여 결정할 수 있습니다(민법 제837조 제1항, 제2항, 제4항). 그러나 만약 부모가 협의한 내용이 자녀의 복리에 반하는 경우에는 가정법원에서 내용을 변경하도록 보정명령을 하거나 직권으로 양육에 필요한 사항을 정할 수 있습니다(제837조 제3항).

2. 재판이혼의 경우

만약 이혼에 관한 협의가 이루어지지 않는 경우에는 이혼을 하지 못하는 것일까요? 이혼을 당사자의 협의로만 가능하게 한다면 의견이 일치하지 않는 경우 절대 이혼을 할 수 없습니다. 여러 사정으로 꼭 이혼을 원하는 당사자는 당황스러울 수밖에 없지요.

이러한 경우 재판을 통한 이혼이 가능합니다. 만약 이혼에 관한 합의는 이루어졌으나 자녀 양육에 관한 사항이나 재산분할 등에 이견이 발생한 경우에도 법원에 판단을 요구할 수 있습니다.

다만, 무작정 재판상 이혼을 청구할 수는 없습니다. 당사자의 입장이 다른 상황에서 누구의 말이 맞는지 판단하려면 기준이 있어야겠지요. 민법 제840조에서는 재판상 이혼을 할 수 있는 이유를 나열하고 있습니다.

〈민법〉
제840조(재판상 이혼원인) 부부의 일방은 다음 각호의 사유가 있는 경우에는 가정법원에 이혼을 청구할 수 있다.
　　1. 배우자에 부정한 행위가 있었을 때
　　2. 배우자가 악의로 다른 일방을 유기한 때
　　3. 배우자 또는 그 직계존속으로부터 심히 부당한 대우를 받았을 때
　　4. 자기의 직계존속이 배우자로부터 심히 부당한 대우를 받았을 때
　　5. 배우자의 생사가 3년 이상 분명하지 아니한 때
　　6. 기타 혼인을 계속하기 어려운 중대한 사유가 있을 때

결국, 재판상 이혼을 청구하기 위해서는 단순히 배우자가 싫어졌다는 이유만으로는 부족하고,

법에서 정한 이유가 필요합니다. 불륜이나 가출과 같이 법에서 정한 사유가 있으면 이혼할 수 있습니다. 이는 당사자의 협의만으로 가능한 협의이혼과는 다른 점입니다.

의뢰인들의 대표적인 질문을 통하여 재판상 이혼을 보다 자세히 살펴보도록 하겠습니다.

Q. 이혼을 준비하고 있습니다. 재판과 조정에는 어떤 차이가 있나요?

A. 조정은 재판보다는 협의이혼과 비슷한 방식입니다. 법원의 개입이 있는 점은 재판과 같지만 당사자의 마음이 모두 이혼하는 것으로 정해지면 법적인 이혼 사유가 없더라도 이혼할 수 있습니다. 조정이혼을 통해 조정조서라는 것을 받을 수 있는데 이것은 판결문과 동일한 효력을 가집니다.

Q. 화해권고결정문은 무엇인가요? 판결문과 다른 것인가요?

A. 화해권고결정은 판사가 권한을 행사하여 조정을 시키는 것에 가깝다고 보시면 됩니다. 쉽게 설명하면, 판사가 재판을 진행하다가 "이 사건에 대해 생각해 봤는데, 이러저러한 내용으로 판단하면 양측 모두에게 좋을 것 같아요, 이의가 없다면 이대로 이 사건을 끝내죠"라는 식의 결론을 내고 이를 당사자에게 전달하는 것입니다. 이 화해권고결정을 받으면 이의할 수 있는데 이의하게 되면 재판이 계속 진행됩니다. 만일 이의하지 않으면 이 화해권고 결정문은 판결문과 동일한 효력을 가집니다. 그런데 이 화해권고결정의 내용을 이해하기 어려울 수 있으므로 이해가 어렵다면 변호사와 같은 법률 전문가와 상의하는 것이 좋겠습니다.

Q. 제가 낸 서류가 공시송달 되었다는 연락을 받았습니다. 공시송달이 무엇인가요?

A. 공시송달이란 상대방의 주소 등을 알 수 없을 때 법원 게시판에 공지하는 것으로 송달된 것으로 보는 제도입니다. 이는 상대방이 주민등록상 주소지에 살지 않는 등의 이유로 상대방에게 서류를 전달할 방법이 없는데 재판을 계속 미룰 수는 없을 때 취할 수 있는 방법입니다.

* 만약 상대방이 소송이 끝난 이후 공시송달 사실을 알게 되면 어떻게 될까요? 자신을 상대로 소송이 진행된 사실을 뒤늦게 안다면 당황스럽겠지요. 이런 경우 상대방은 공시송달을 통해 판결이 이루어진 사실을 안 날부터 2주 내에 '추완항소'를 제기하여 다시 소송을 진행할 수 있습니다.

3. 양육비 변경

살다보면 예기치 않은 일들이 많이 일어납니다. 갑자기 직장을 잃는다거나 아이가 아픈 경우가 예가 될 수 있겠습니다. 법원도 정해진 양육비를 변경할 수 있다고 보고 있습니다(대법원 2019. 1. 31. 선고 2018스566 판결). 그리고 이 양육비를 변경할 때에는 **'아동의 복리'**를 기준으로 삼도록 하였습니다. 양육비를 지급하는 것은 자녀를 위해서라는 것을 강조했다고 볼 수 있습니다.

Q. 한번 정해진 양육비는 바뀔 수 없는 걸까요?

A. 한 번 정한 양육비도 금액을 바꿀 수 있습니다. 원래 정했던 양육비 액수를 높여야 한다면 '증액'을 청구할 수 있습니다. 반면, 원래 정한 액수가 부담이 되어 낮추고 싶다면 '감액'을 법원에 청구할 수 있습니다.

Q. 작년에 양육비 결정을 받았어요. 그때는 그냥 받아들였는데 지금 생각해 보니 상대방의 잘못이 너무 큰 것 같아 괘씸하고 양육비도 더 받고 싶어요. 가능할까요?

A. 작년에 결정된 양육비가 부당하게 느껴질 때는 다시 청구할 수 있습니다. 그런데 대개 1년 사이의 경제적 상황이 바뀌는 경우는 드물어서 결정된 시점을 기준으로 하여 현재 자녀의 건강 상태나 부모의 경제 상태가 바뀌지 않았다면 양육비가 변경되지 않을 가능성이 높습니다.

Q. 우리 아이의 성장단계에 따라 양육비를 다르게 정할 수 있을까요?

A. 네, 가능합니다. 법원에서 제시한 양육비산정 기준표에서도 자녀가 성장할수록 필요한 비용이 증가한다는 것을 전제로 하고 있습니다. 양육비를 정하거나 변경할 때 자녀의 성장단계에 따라 금액을 다르게 정할 수 있습니다. 예를 들면, 자녀가 초등학생인 경우 30만원, 중학교에 진학한 이후 50만원, 고등학교에 진학한 이후에는 70만원으로 다르게 정하는 것도 가능합니다.

Ⅲ

양육비 받는 방법(1)
- 독촉절차

상대방과 오랜 시간을 대화하여 양육비에 관해서 합의하거나, 양육비 심판청구를 통해 양육비를 받을 수 있게 되었지만, 상대방이 양육비를 지급하지 않는 경우엔 어떻게 해야 할까요?

'설마 그렇게 까지 하겠어?'라고 생각할 수 있겠지만 실제로 그런 경우가 자주 발생하고 있습니다. 얼마 전 양육비를 제대로 지급하지 않는 사람들의 신상을 공개하여 논란이 되었던 '배드 파더스' 사건이 기사화될 정도로 이런 일은 자주 발생하고 있습니다. 양육비 지급과 관련한 문제들은 이제 개인의 영역을 넘어 사회적인 문제로 인식되고 있습니다.

아는 만큼 보인다고 했던가요, 양육비는 아는 만큼 받을 수 있습니다! '얼마를 받느냐?' 만큼이나 중요한 '어떻게 받느냐?', 지금부터 함께 알아보도록 하겠습니다.

1. 독촉절차란?

　가정법원은 양육비 지급의무를 이행해야 할 상대방이 의무를 이행하지 않는 경우, 이행명령이라는 것을 할 수 있습니다. 그러나 이행명령결정에도 불구하고 상대방이 양육비를 계속 주지 않으면 법원에 신청하여 상대방에게 불이익(과태료[1] 또는 감치[2])을 달라고 요청할 수 있습니다. 이를 가사소송법상의 독촉절차라고 표현합니다.

　독촉절차에는 과태료·감치 등 상대방에게 현실적인 불이익을 줄 수 있는 방법이 포함되어 있어, 상대방이 양육비를 지급하도록 간접적으로 강제할 수 있습니다. 따라서 이미 가사소송 절차를 거쳐 법적으로 양육비를 받을 수 있게 되었음에도 불구하고, 상대방이 별다른 이유 없이 '돈이 없다.', '내가 왜 양육비를 주어야 하느냐?'고 버티는 상황에서 효과적인 방법이라고 할 수 있습니다.

〈가사소송법〉

제64조(이행 명령) ① 가정법원은 판결, 심판, 조정조서, 조정을 갈음하는 결정 또는 양육비부담조서에 의하여 다음 각 호의 어느 하나에 해당하는 의무를 이행하여야 할 사람이 정당한 이유 없이 그 의무를 이행하지 아니하는 경우에는 당사자의 신청에 의하여 일정한 기간 내에 그 의무를 이행할 것을 명할 수 있다.

　　1. 금전의 지급 등 재산상의 의무

　　2. 유아의 인도 의무

　　3. 자녀와의 면접교섭 허용 의무

---

[1]　분쟁 해결에 관한 절차를 규율하는 법률상의 의무를 위반한 자에게 벌로 물게 하는 돈

[2]　의무 위반에 대한 제재로서, 법원의 명령에 따라 일정 기간 위반자를 가두어 두는 제재

② 제1항의 명령을 할 때에는 특별한 사정이 없으면 미리 당사자를 심문하고 그 의무를 이행하도록 권고하여야 하며, 제67조제1항 및 제68조에 규정된 제재를 고지하여야 한다.

제67조(의무 불이행에 대한 제재) ① 당사자 또는 관계인이 정당한 이유 없이 제29조, 제63조의2제1항, 제63조의3제1항·제2항 또는 제64조의 명령이나 제62조의 처분을 위반한 경우에는 가정법원, 조정위원회 또는 조정담당판사는 직권으로 또는 권리자의 신청에 의하여 결정으로 1천만원 이하의 과태료를 부과할 수 있다.

제68조(특별한 의무 불이행에 대한 제재) ① 제63조의3제4항 또는 제64조의 명령을 받은 사람이 다음 각 호의 어느 하나에 해당하면 가정법원은 권리자의 신청에 의하여 결정으로 30일의 범위에서 그 의무를 이행할 때까지 의무자에 대한 감치를 명할 수 있다.
  1. 금전의 정기적 지급을 명령받은 사람이 정당한 이유 없이 3기(期) 이상 그 의무를 이행하지 아니한 경우
  2. 유아의 인도를 명령받은 사람이 제67조제1항에 따른 제재를 받고도 30일 이내에 정당한 이유 없이 그 의무를 이행하지 아니한 경우
  3. 양육비의 일시금지급명령을 받은 사람이 30일 이내에 정당한 사유 없이 그 의무를 이행하지 아니한 경우
② 제1항의 결정에 대하여는 즉시항고를 할 수 있다.

2. 이행명령

　이행명령은 상대방이 '정당한 이유 없이 양육비를 지급하지 않고 있는 상황'에서 신청이 가능합니다. 상대방이 별다른 수입이 없어 경제적인 어려움을 겪고 있는 등 제3자가 보더라도 양육비를 지급할 수 없는 상황에 처해 있는 것이 아니라면 이행명령 신청이 가능합니다. 예를 들어, 상대방이 단순히 일을 하기 귀찮아하는 경우라면 경제적 어려움이 있더라도 이행명령이 가능합니다.

　이행명령은 '독촉'에 중점을 둔 절차이므로, 양육비의 금액 등에 변동이 없습니다. 또한, 이행명령 위반이나 불이행애 따라 상대방에게 과태료 부과나 감치 결정을 할 수 있다는 점에서 이행명령은 결정 이후 불이익을 주기 위한 사전행위입니다. 그런데 이 불이익을 주는 행위는 대부분 '정기적인 지급의무 위반'을 조건으로 하고 있어서 대부분의 이행명령은 '여러 번으로 나누어 지급하라.', '한 달에 얼마씩 지급하라.'는 것을 구하는 방식으로 진행되고 있습니다.

Q. 이행명령 제도는 무엇인가요?

A. 양육비 지급하는 의무와 같이 법원이 정한 의무를 상대방이 정당한 이유 없이 이행하지 않는 경우, 가정법원은 당사자의 신청에 따라 의무를 이행할 것을 명할 수 있습니다. 즉 법원이 상대방에게 의무를 이행하라고 '독촉'해 주는 것이죠. 이를 '이행명령'이라 합니다. 통상 양육비 사건에서 많이 활용되고 있습니다.

Q. 변호사님과 함께 이행명령을 신청하였는데, 법원에서 '양육비를 할부로 지불하라.'는 내용의 이행명령을 보내왔습니다. 이런 경우도 생길 수 있나요?

A. 이행명령의 경우 '감치'라는 제재수단을 염두에 두고 신청하게 되는데, '감치'를 하기 위해서는 '정기적으로 양육비를 지급하라.'는 이행명령에도 불구하고 상대방이 양육비를 3번 이상 미지급하여야 합니다. 이 요건을 충족시키기 위한 것이니 안심하셔도 됩니다.

Q. 이행명령결정문에 밀린 양육비보다 적은 금액이 적혀 있습니다. 제가 받을 양육비가 줄어든 건가요?

A. 우선 법원은 양육비 전체가 아닌 일부에 대해서도 이행명령을 선고할 수 있습니다. 다만 이행명령은 '양육비를 지급할 것을 촉구'하는 독촉의 의미를 가진 결정으로, 판결 등을 통해 기존에 정해진 양육비 금액 자체를 변경할 수는 없습니다. 따라서 양육비 중 일부에 대한 이행명령이 내려졌다고 해서 지급받을 양육비가 감소한 것은 아닙니다.

Q. 상대방이 법원에 양육비 이행계획안이라는 것을 제출했다고 합니다. 제가 이 계획안에 꼭 동의를 해야 하는 건까요?

A. 상대방의 계획안을 받아 주어야 할 의무는 없습니다. 만일 상대방이 제출한 변제계획안을 수용하는 경우, 가정법원은 일반적으로 이 계획안을 반영한 이행명령을 내려줄 것입니다. 그렇다면 이후 감치명령 사건까지 이어질 경우 '상대방이 변제계획안까지 제출해 놓고도 이행하지 않았다.'는 방향으로 좀 더 강한 근거로 주장할 수 있겠죠.

3. 감치명령

양육비를 정기적으로 지급하라는 이행명령이 내려왔음에도 상대방이 3회 이상 지급하지 않는 경우, 법원은 상대방을 일정 기간 가두는 벌을 줄 수 있습니다(가사소송법 제68조 제1항). 이 절차를 '감치명령'이라고 합니다.

법원이 상대방에게 이행명령을 통해 '양육비를 지급하라.'고 독촉했음에도 불구하고 상대방이 3번 이상 지급하지 않을 때, 상대방을 가두는 방법으로 양육비 지급을 좀 더 강하게 독촉하는 절차라 할 수 있습니다.

Q. 감치명령은 무슨 제도인가요?

A. 가정법원의 이행명령 또는 뒤에서 설명할 일시급 지급명령의 후속절차로, 상대방이 이행명령이 정하는 양육비 지급을 3번 이상 이행하지 않거나 일시금지급명령을 이행하지 않을 때, 가정법원이 30일 이내의 일정기간 동안 상대방을 유치장이나 구치소 같은 곳에 가두는 명령을 내리는 절차입니다.

Q. 공시송달되어서 감치가 안 된다고 결정을 받았다는데 공시송달은 무엇이고 왜 이런 일이 생긴 건가요?

A. 감치와 관련된 절차가 공시송달로 진행되었다는 것은 상대방의 주소(거주지)를 확인하지 못하고 상대방이 법원에 출석도 하지 않은 상황에서 사건이 진행되었다는 뜻입니다. 비록 감치명령을 신청하기 위한 모든 준비가 갖추어지더라도, 법원이 감치명령의 전제가 되는 명령의 존재를 모를 수 있다고 판단하여 감치 불처벌 결정을 내리는 것이 현재 일반적인 법원 실무 관행입니다.

Q. 감치된 상대방이 구치소로 갔다는 사실을 알게 되었습니다. 구치소까지 가는 줄은 몰랐는데, 제가 낸 감치신청을 취소(취하)할 수 있을까요?

A. 감치결정이 내려진 이후라도 신청인이 감치 신청을 취하하는 경우 가정법원은 감치결정을 취소하는 결정을 다시 내릴 수 있습니다. 또한 감치 결정 이후 상대방에게서 양육비를 지급받은 경우에도 감치 신청의 취하 또는 법원에 사실을 통지하는 방식으로 절차 종료가 가능합니다.

Q. 상대방이 감치명령을 받은 이후에도 양육비를 주지 않고 있습니다. 또 감치명령을 신청할 수 있을까요?

A. 감치명령 결정을 받았음에도 불구하고 상대방이 양육비를 지급하지 않는 경우, 양육비 이행확보 및 지원에 관한 법률에 따라 상대방에 대한 운전면허 정지, 출국금지, 명단공개 등을 신청할 수 있습니다. 이와 별개로 감치 명령 이후에도 양육비를 지급하지 않을 경우, 다시 이행명령을 받은 후 새로운 감치재판을 신청할 수도 있습니다.

Q. 이행명령결정문에는 밀린 양육비를 월 100만원씩 지급하라고 나와 있는데 상대방은 매달 30만원만 지급하고 있습니다. 이런 경우에도 감치명령을 신청할 수 있을까요?

A. 법적으로는 '불완전 이행'이라고 하는데 이 경우에도 전부 이행한 것은 아니어서 감치명령 신청 자체는 가능합니다. 다만, 일부만 이행하게 된 특별한 사정을 상대방이 입증한다면 법원이 감치명령을 내리지는 않고 있습니다.

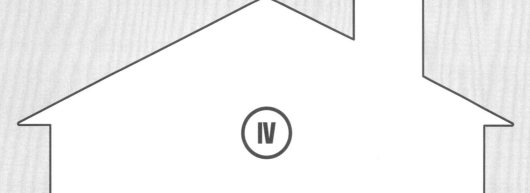

Ⅳ

양육비 받는 방법(2)
- 민사집행, 가사특별절차

1. 들어가며

앞에서 다룬 방법은 다소 신사적인 방법으로 법원을 통하여 간접적으로 양육비를 받는 방법입니다. 소금 너 본격적인 방법을 소개해 보고자 합니다.

일반적으로 비양육자와 같이 돈을 줄 의무가 있는 채무자가 양육자와 같이 돈을 받을 권리가 있는 채권자에게 줘야 할 돈을 제대로 주지 않는다면, 채권자는 소송 등을 통해 '채무자는 채권자에게 금전을 지급하라.'는 판결을 받은 다음 채무자 재산에 대하여 '강제집행'을 할 수 있습니다. 그런데 양육비의 경우는 이 소송을 이미 거쳤기 때문에 바로 채무자 재산에 대하여 강제집행할 수 있습니다.

또한, 강제집행의 방법 중에 특별히 가사소송법이 추가적으로 정한 방법도 있습니다. 이를 '가사소송법 상 특별절차'라고 하며 양육비 직접지급명령, 담보제공명령, 일시금지급명령으로 나누어 볼 수 있습니다.

Q. 상대방에게 직접 양육비를 받을 수 있는 방법은 없을까요?

A. 상대방이 양육비를 제대로 지급한다면 특별히 문제되지 않습니다. 문제는 제대로 지급하지 않는 상대방이겠죠. 이 경우, 앞서 설명 드린 간접적으로 강제하는 방법 말고 예금 계좌나 급여를 압류한다거나 부동산을 경매로 넘긴다거나 하는 방식으로 상대방 명의 재산에 대한 강제집행을 하는 방식으로 양육비를 받는 방법을 고려할 수 있습니다.

Q. 상대방이 신용불량자라 현금만 쓰면서 생활한다고 하는데 집행이 가능한가요?

A. 이 경우에는 강제집행을 하기 어렵습니다. 다만, 이 현금을 상대방에게 지급하는 사람이 누구인지 특정할 수 있고 어떤 이유로 상대방에게 지급하는지, 가령, 급여인지 물품대금인지 여부를 특정할 수 있다면 예금 계좌압류와 같은 방식으로 강제집행할 수 있습니다.

2. 직접 민사집행 등을 하기에 앞선 절차

가. 재산명시

재산명시는 채무자가 스스로 자기 재산이 무엇이 있는지 법원에 밝히는 절차입니다(민사집행법 제61조). 이때 채무자는 법원에서 정한 양식에 자기 재산이 무엇이 있는지 써서 제출하고 이를 이 절차를 신청한 채권자에게 전달하는 방식으로 이루어집니다. 그런데 보통은 채무자가 명시절차에 잘 응하지 않아서 뒤에 말할 재산조회 절차를 위한 사전 절차 정도로만 활용되고 있습니다.

〈민사집행법〉
제61조(재산명시신청) ① 금전의 지급을 목적으로 하는 집행권원에 기초하여 강제집행을 개시할 수 있는 채권자는 채무자의 보통재판적이 있는 곳의 법원에 채무자의 재산명시를 요구하는 신청을 할 수 있다. 다만, 민사소송법 제213조에 따른 가집행의 선고가 붙은 판결 또는 같은 조의 준용에 따른 가집행의 선고가 붙어 집행력을 가지는 집행권원의 경우에는 그러하지 아니하다.
② 제1항의 신청에는 집행력 있는 정본과 강제집행을 개시하는데 필요한 문서를 붙여야 한다.

Q. 상대방과 오래전에 이혼하고 연락을 끊은 상황이라 상대방의 재산상태에 대하여 전혀 모르는 상황입니다. 이런 상황에서도 강제집행이 가능할까요?

A. 이 경우에는 우선 재산을 특정하는 절차를 거쳐야 합니다. 이 방식은 크게 두 가지로 시중 신용정보 업체에서 해 주는 방법과 법원을 통한 절차로 나뉩니다. 법원을 통한 절차는 상대방이 스스로 법원으로 나와서 자신의 재산상태를 설명하도록 하는 재산명시 절차와 이 재산명시 절차가 원만히 이루어지지 않은 경우, 직접 금융기관 등에 상대방의 재산이 있는지 여부를 법원을 거쳐 문의하게 되는 재산조회 절차로 진행됩니다.

Q. 재산명시 사건이 상대방에게 송달되지 않아서 각하되었다는데 무슨 의미인가요?

A. 재산명시 절차는 상대방이 스스로 법원에 나가서 자신의 재산상태를 기재한 서류를 제출해야 이루어지는데 상대방에게 이 명시의 내용이 송달되지 않으면 이 절차를 진행할 수 없으므로 이 절차를 중지시킨다는 의미로 각하시키고 있습니다.

Q. 상대방이 제출한 재산목록표를 그대로 믿을 수가 없습니다. 이런 경우에는 제가 무엇을 할 수 있나요?

A. 상대방이 제출한 재산목록표가 사실과 다르다는 점을 입증할 수 있는지 여부에 따라 대응 방식이 달라집니다. 만일, 이를 입증할 수 있다면 법원에 이 내용에 대한 입증 서면을 제출하면서 재산조회를 할 수 있고 상대방은 형사처벌도 같이 받게 됩니다. 다만, 단순히 의심만이 있다면 이 부분에 대해서는 직접 대응할 수 없고 상대방이 제출한 재산목록만으로는 밀린 양육비를 전부 갚을 수 없을 것으로 보이는 때에는 이 사유로 재산조회를 할 수 있습니다.

나. 재산조회

재산조회는 재산명시절차에서 제대로 응하지 않거나 재산목록의 내용이 만족스럽지 않을 경우에 진행되는 절차입니다(민사집행법 제74조). 이때 채권자는 법원행정처(부동산), 한국교통안전공단(자동차), 특허청(각종 지적재산권), 각종 금융기관(은행, 보험사, 증권사 등)에 직접 채무자 명의 재산이 있는지 문의하는 방식으로 절차를 진행하게 됩니다. 양육비의 경우도 마찬가지여서 비양육자의 재산상태를 통상 알지 못 하는 상황에서 이 재산상태를 합법적으로 확인하는 절차를 진행할 수 있는 것입니다.

〈민사집행법〉

제74조(재산조회) ① 재산명시절차의 관할 법원은 다음 각호의 어느 하나에 해당하는 경우에는 그 재산명시를 신청한 채권자의 신청에 따라 개인의 재산 및 신용에 관한 전산망을 관리하는 공공기관·금융기관·단체 등에 채무자명의의 재산에 관하여 조회할 수 있다.

　　1. 재산명시절차에서 채권자가 제62조제6항의 규정에 의한 주소보정명령을 받고도 민사소송법 제194조제1항의 규정에 의한 사유로 인하여 채권자가 이를 이행할 수 없었던 것으로 인정되는 경우

2. 재산명시절차에서 채무자가 제출한 재산목록의 재산만으로는 집행채권의 만족을 얻기에 부족한 경우

3. 재산명시절차에서 제68조제1항 각호의 사유 또는 동조제9항의 사유가 있는 경우

② 채권자가 제1항의 신청을 할 경우에는 조회할 기관·단체를 특정하여야 하며 조회에 드는 비용을 미리 내야 한다.

③ 법원이 제1항의 규정에 따라 조회할 경우에는 채무자의 인적 사항을 적은 문서에 의하여 해당 기관·단체의 장에게 채무자의 재산 및 신용에 관하여 그 기관·단체가 보유하고 있는 자료를 한꺼번에 모아 제출하도록 요구할 수 있다.

④ 공공기관·금융기관·단체 등은 정당한 사유 없이 제1항 및 제3항의 조회를 거부하지 못한다.

Q. 신용정보업체에서도 재산조회를 해 준다고 들었습니다. 법원이 해 주는 재산조회와 어떤 점이 다른 걸까요?

A. 신용정보업체에서 진행하는 재산조회는 상대방의 전반적인 채권과 채무관계를 알려 주지만 구체적인 채권액, 가령 예금액에 대한 내용 등에 대해서는 알려 주지 않습니다. 한편, 법원을 통한 재산조회는 구체적인 잔고액까지 특정되어 알려 주지만 채무상태에 대해서는 알려 주지 않습니다. 이러한 문제로 인하여 실무적으로는 가능하다면 두 가지 방법을 모두 병행하여 입체적으로 상대방 재산상태를 점검하는 방식을 채택하는 방법을 권해드리고 있습니다.

Q. 최대한 많은 기관에 재산조회를 신청하고 싶은데 가능한가요?

A. 재산조회는 1개 기관당 소요되는 법원 예납금(금융기관당 5천원, 부동산·특허권 조회 2만원, 건물 소유권 조회 1만원 등)만 납부한다면 그 개수를 특별히 제한하고 있지는 않으므로 이 방식을 채택하는 것은 가능합니다.

Q. 변호사님께 들었는데 재산조회에도 비용이 들어간다고 합니다. 이런 비용까지 상대방이 부담하게 할 수 있는 방법이 있을까요?

A. 이 부분은 이론적으로 집행비용으로 산정한 뒤, 집행비용확정심판이라는 절차를 거쳐서 상대방 재산에 대한 강제집행을 할 때 같이 집행할 수 있으나 실무적으로는 실익이 크지 않고 기간이 추가로 소요되는 점 등이 있어서 잘 진행하고 있지는 않습니다.

다. 채무불이행자명부등재

이 절차는 법원, 기초지방자치단체(시·구·읍·면), 금융기관 등에 채무자가 채무를 상환하지 않는 사람이라는 점을 알리게 하는 절차입니다(민사집행법 제70조). 다소 복잡하지만 간단하게 요약하면 채무자를 소위 신용불량자로 만드는 절차라고 할 수 있습니다.

〈민사집행법〉
제70조(채무불이행자명부 등재신청) ① 채무자가 다음 각호 가운데 어느 하나에 해당하면 채권자는 그 채무자를 채무불이행자명부(債務不履行者名簿)에 올리도록 신청할 수 있다.
 1. 금전의 지급을 명한 집행권원이 확정된 후 또는 집행권원을 작성한 후 6월 이내에 채무를 이행하지 아니하는 때. 다만, 제61조제1항 단서에 규정된 집행권원의 경우를 제외한다.
 2. 제68조제1항 각호의 사유 또는 같은 조제9항의 사유 가운데 어느 하나에 해당하는 때
② 제1항의 신청을 할 때에는 그 사유를 소명하여야 한다.
③ 제1항의 신청에 대한 재판은 제1항제1호의 경우에는 채무자의 보통재판적이 있는 곳의 법원이 관할하고, 제1항제2호의 경우에는 재산명시절차를 실시한 법원이 관할한다.

Q. 채무불이행자명부등재는 무슨 제도인가요?

A. 이 제도는 채무자가 채무를 제대로 상환하지 않아 6개월 이상 연체된 경우, 이 사람에 대하여 불이행자 명부에 등재하여 신용상 불이익을 주는 제도입니다.

Q. 채무불이행자명부에 기재되면 상대방의 신용 상태에 어떤 영향을 주는 걸까요?

A. 실무적으로 이 결정이 이루어지면, 신용등급이 8등급 이하로 떨어져서 신용카드의 발급 등이 어려워지는 등 생활상 어려움이 발생하게 됩니다.

Q. 상대방이 이미 양육비를 줬는데 취소가능한가요?

A. 규정상 명부등재 말소 절차가 있는데 이 절차는 채무자가 진행하도록 되어 있으므로 직접 취소하는 게 아니라 이와 같은 절차가 있음을 상대방에게 알려 주는 편이 낫습니다.

3. 민사집행 절차

가. 부동산압류

　채무자 명의 부동산을 법원을 통하여 매각하는 절차를 부동산 압류라고 합니다(민사집행법 제80조 이하). 통상 '법원 경매'가 이 절차에 해당합니다. 그런데 이 부동산 압류는 세입자 문제와 같은 다양한 변수가 있어서 법률 전문가와 논의하여 진행할 것을 권장합니다. 채무자의 경우도 마찬가지로 부동산에 경매신청이 들어오면 법률 전문가와 논의하여 이 부분을 방어할 논리를 세울 필요가 있습니다.

〈민사집행법〉

제80조(강제경매신청서) 강제경매신청서에는 다음 각호의 사항을 적어야 한다.

　1. 채권자·채무자와 법원의 표시

　2. 부동산의 표시

　3. 경매의 이유가 된 일정한 채권과 집행할 수 있는 일정한 집행권원

제81조(첨부서류) ① 강제경매신청서에는 집행력 있는 정본 외에 다음 각호 가운데 어느 하나에 해당하는 서류를 붙여야 한다.

　1. 채무자의 소유로 등기된 부동산에 대하여는 등기사항증명서

　2. 채무자의 소유로 등기되지 아니한 부동산에 대하여는 즉시 채무자명의로 등기할 수 있다는 것을 증명할 서류. 다만, 그 부동산이 등기되지 아니한 건물인 경우에는 그 건물이 채무자의 소유임을 증명할 서류, 그 건물의 지번·구조·면적을 증명할 서류 및 그 건물에 관한 건축허가 또는 건축신고를 증명할 서류

② 채권자는 공적 장부를 주관하는 공공기관에 제1항제2호 단서의 사항들을 증명하여 줄 것을 청구할 수 있다.

③ 제1항제2호 단서의 경우에 건물의 지번·구조·면적을 증명하지 못한 때에는, 채권자는 경매신청과 동시에 그 조사를 집행법원에 신청할 수 있다.

④ 제3항의 경우에 법원은 집행관에게 그 조사를 하게 하여야 한다.

⑤ 강제관리를 하기 위하여 이미 부동산을 압류한 경우에 그 집행기록에 제1항 각호 가운데 어느 하나에 해당하는 서류가 붙어 있으면 다시 그 서류를 붙이지 아니할 수 있다.

Q. 경매와 부동산압류는 무슨 차이가 있나요?

A. 부동산을 압류하면 법원에서 경매절차가 진행됩니다. 따라서 두 가지 말은 동일한 의미로 사용되기도 합니다.

Q. 상대방이 실질적으로 소유하고 있는 부동산이 있는데, 명의는 다른 사람(법인)으로 되어 있습니다. 이 경우에도 경매신청이 가능할까요?

A. 현재 법 제도상 자기 '명의'의 재산에 대해서만 집행이 가능합니다. 따라서 정황상 아무리 실질적인 소유자라 하더라도 명의가 다른 사람으로 되어 있는 이상 경매신청을 하기는 어렵습니다.

Q. 경매비용은 어느 정도 드나요?

A. 부동산의 공시지가에 비례하여 산정되며, 자세한 비용은 법원 경매정보시스템 사이트(www.courtauction.go.kr)를 통하여 계산해 볼 수 있습니다. 가령, 공시지가 4억원인 아파트를 기준으로 하면 2024년 기준 3,440,250원을 경매비용으로 예납해야 합니다.

부동산등 경매예납금 납부 기준표

구분	수수료			
	토지, 일반건물(아파트 제외), 선박(광업권, 어업권 등) 등 일반감정의 경우			
감정료 (가)	기준금액 (개별공시지가, 시가표준액 등)	감정평가수수료 (A)	실비 (B)	부가가치세 10%(C)	감정료 (A+B+C)
	197,727,272원까지	290,000원	48,000원	(A+B)×0.1	
	197,727,272원 초과 2억 원까지	(200,000원+5천만원 초과액의 11/10,000)×0.8	48,000원	(A+B)×0.1	
	2억 원 초과 5억 원까지	(200,000원+5천만원 초과액의 11/10,000)×0.8	88,000원	(A+B)×0.1	
	5억 원 초과 10억 원까지	(695,000+5억원 초과액의 9/10,000)×0.8	88,000원	(A+B)×0.1	
	10억 원 초과 50억 원까지	(1,145,000+10억원 초과액의 8/10,000)×0.8	88,000원	(A+B)×0.1	
	50억 원 초과 100억 원까지	(4,345,000+50억원 초과액의 7/10,000)×0.8	88,000원	(A+B)×0.1	
	100억 원 초과 11,925,000,000원 까지	(7,845,000+100억원 초과액의 6/10,000)×0.8	88,000원	(A+B)×0.1	
	11,925,000,000원 초과	7,200,000원	88,000원	(A+B)×0.1	

* 다만, 감정인등 선정과 감정료 산정기준 등에 관한 예규(재일 2008-1) 제31조 2호에 해당하는 물건에 대해서는 추가 감정료가 발생될 수 있습니다.
* 경매목적물이 다수인 경우 기준금액은 각 목적물에 해당하는 개별공시지가, 개별주택공시가격 등을 합산하시기 바랍니다.

아파트 감정의 경우

기준금액 (시가표준액)	감정평가수수료 (A)	실비 (B)	부가가치세 10%(C)	감정료 (A+B+C)
2억 원까지	290,000원	48,000원	(A+B)×0.1	
2억 원 초과 244,804,545원까지	290,000원	88,000원	(A+B)×0.1	
244,804,545원 초과 5억 원까지	(200,000원+5천만원 초과액의 11/10,000)×0.7	88,000원	(A+B)×0.1	
5억 원 초과 10억 원까지	(695,000+5억원 초과액의 9/10,000)×0.7	88,000원	(A+B)×0.1	
10억 원 초과 50억 원까지	(1,145,000+10억원 초과액의 8/10,000)×0.7	88,000원	(A+B)×0.1	
50억 원 초과 100억 원 까지	(4,345,000+50억원 초과액의 7/10,000)×0.7	88,000원	(A+B)×0.1	
100억 원 초과 14,067,856,666원 까지	(7,845,000+100억원 초과액의 6/10,000)×0.7	88,000원	(A+B)×0.1	
14,067,856,666원 초과	7,200,000원	88,000원	(A+B)×0.1	

현황조사수수료
(나)
70,000원
※ 도서지역 등 특수한 경우에는 현황조사수수료가 추가 발생될 수 있습니다.

신문공고료
(다)
220,000원
※ 경매목적물이 다수인 경우 신문공고료가 추가 발생할 수 있습니다.

매각수수료
(라)
기준금액 10만 원 이하 : 5,000원
기준금액 10만 원 초과 1,000만 원 이하 : (기준금액-10만원) × 0.02 + 5,000원
기준금액 1,000만 원 초과 5,000만 원 이하 : (기준금액-1천만원) × 0.015 + 203,000원
기준금액 5,000만 원 초과 1억 원 이하 : (기준금액-5천만원) × 0.01 + 803,000원
기준금액 1억 원 초과 3억 원 이하 : (기준금액-1억원) × 0.005 + 1,303,000원
기준금액 3억 원 초과 5억 원 이하 : (기준금액-3억원) × 0.003 + 2,303,000원
기준금액 5억 원 초과 10억 원 이하 : (기준금액-5억원) × 0.002 + 2,903,000원
기준금액 10억원 초과 : 3,903,000원

▨ **등록세면허세 등 납부**
‣ **부동산**
등록면허세 : 채권금액의 1000분의 2, 지방교육세 : 등록면허세의 100분의 20
‣ **선박 등**
선박 → 등록면허세 : 건당 1만 5천원, 지방교육세 : 등록면허세액의 100분의 20
광업권 → 등록면허세 : 건당 1만 2천원, 지방교육세 : 등록면허세액의 100분의 20
어업권 → 등록면허세 : 건당 9천원, 지방교육세 : 등록면허세액의 100분의 20
소유권보존된 입목 → 등록면허세 : 건당 1만 2천원, 지방교육세 : 등록면허세액의100분의 20

▨ **등기신청수수료 납부**
‣ 경매개시결정등기기입과 말소등기 시 매 목적물 마다 3,000원

▨ **부동산 가격정보**
‣ 개별공시지가, 시가표준액, 기준시가 등 부동산 관련 시가 현황 조회, 적용방법 등 상세한 가격 정보를 아래 사이트를 통해 확인하실 수 있습니다.
‣ 부동산을 제외한 선박 등에 대한 시가표준액은 서울특별시 사이트(분야별정보→세금·재정→세금→세금자료실)를 통해 확인하거나, 경매목적물 소재지 시 군 구청에 문의하시기 바랍니다.

∙ 씨:리얼 부동산정보 [▸ 사이트 바로가기]
∙ 국세청 [▸ 사이트 바로가기]
∙ 서울특별시 [▸ 사이트 바로가기]

▨ **송달료**
(신청서상 이해관계인 수＋3) × 10회분(1회분 5,200원)

* 출처: 대한민국법원 법원경매정보 누리집(https://www.courtauction.go.kr/AucExpRealEst.laf), 최후 방문일: 2024. 10. 25.

Q. 제가 지출한 경매비용은 회수 가능한가요?

A. 법률상 경매 비용이 가장 최우선으로 배당되므로 경매가 취소되지 않는 이상 경매 비용은 회수할 수 있습니다.

Q. 제가 경매절차에 참가해서 부동산을 낙찰받을 수 있을까요? 만일 낙찰받으면 제가 받아야 하는 양육비는 어떻게 되나요?

A. 채권자가 경매절차에 참여하는 것이 금지되지 않아서 매수하는 것은 가능합니다. 그리고 매수인이 매수를 위해 지출한 금액을 채권자들이 나누어 갖는 것은 동일하므로 양육비는 경매절차를 통하여 배당받은 금액만큼 상환된 것이 됩니다. 이 경우를 요약하면 양육비를 상대방으로 직접 받는 대신 부동산으로 간접적으로 받는 결과가 발생한 것으로 정리할 수 있습니다.

Q. 경매절차를 중지시킬 수 있나요?

A. 강제집행정지 절차라는 것이 실무적으로 존재합니다(민사집행법 제49조 등). 임의로 할 수는 없고 양육비를 이미 지급하여 법원에 미지급 양육비로 기재된 금액에 다툼이 있는 경우 등이 그 대상이 된다고 할 수 있습니다.

〈민사집행법〉

제49조(집행의 필수적 정지 · 제한) 강제집행은 다음 각호 가운데 어느 하나에 해당하는 서류를 제출한 경우에 정지하거나 제한하여야 한다.

1. 집행할 판결 또는 그 가집행을 취소하는 취지나, 강제집행을 허가하지 아니하거나 그 정지를 명하는 취지 또는 집행처분의 취소를 명한 취지를 적은 집행력 있는 재판의 정본
2. 강제집행의 일시정지를 명한 취지를 적은 재판의 정본
3. 집행을 면하기 위하여 담보를 제공한 증명서류
4. 집행할 판결이 있은 뒤에 채권자가 변제를 받았거나, 의무이행을 미루도록 승낙한 취지를 적은 증서
5. 집행할 판결, 그 밖의 재판이 소의 취하 등의 사유로 효력을 잃었다는 것을 증명하는 조서등본 또는 법원사무관등이 작성한 증서
6. 강제집행을 하지 아니한다거나 강제집행의 신청이나 위임을 취하한다는 취지를 적은 화해조서(和解調書)의 정본 또는 공정증서(公正證書)의 정본

나. 채권압류 및 추심

이 절차는 채무자가 다른 사람에게 가지는 채권을 대신 행사하여 돈을 받는 절차라고 할 수 있습

니다(민사집행법 제223조 이하). 급여, 예금 등 우리가 일상생활에서 소위 '돈 받을 수 있는 권리'가 채권이어서 이를 알 수만 있다면 가장 손쉽게 돈을 받을 수 있는 방법에 해당합니다. 그런데 채무자가 이미 신용불량자에 가까워서 돈을 갚아야 하는 사람이 많을 경우나 현금으로만 생활하는 경우 등에는 절차 진행에 어려움이 생길 수 있습니다.

〈민사집행법〉

제223조(채권의 압류명령) 제3자에 대한 채무자의 금전채권 또는 유가증권, 그 밖의 유체물의 권리이전이나 인도를 목적으로 한 채권에 대한 강제집행은 집행법원의 압류명령에 의하여 개시한다.

제229조(금전채권의 현금화방법) ① 압류한 금전채권에 대하여 압류채권자는 추심명령(推尋命令)이나 전부명령(轉付命令)을 신청할 수 있다.

② 추심명령이 있는 때에는 압류채권자는 대위절차(代位節次) 없이 압류채권을 추심할 수 있다.

③ 전부명령이 있는 때에는 압류된 채권은 지급에 갈음하여 압류채권자에게 이전된다.

④ 추심명령에 대하여는 제227조제2항 및 제3항의 규정을, 전부명령에 대하여는 제227조제2항의 규정을 각각 준용한다.

⑤ 전부명령이 제3채무자에게 송달될 때까지 그 금전채권에 관하여 다른 채권자가 압류·가압류 또는 배당요구를 한 경우에는 전부명령은 효력을 가지지 아니한다.

⑥ 제1항의 신청에 관한 재판에 대하여는 즉시항고를 할 수 있다.

⑦ 전부명령은 확정되어야 효력을 가진다.

⑧ 전부명령이 있은 뒤에 제49조제2호 또는 제4호의 서류를 제출한 것을 이유로 전부명령에 대한 즉시항고가 제기된 경우에는 항고법원은 다른 이유로 전부명령을 취소하는 경우를 제외하고는 항고에 관한 재판을 정지하여야 한다

Q. 상대방이 자기 계좌가 아닌 부모님의 계좌를 이용해서 생활하는 것 같습니다. 혹시 상대방의 부모님 계좌를 압류할 수 있나요? 집행할 수 있나요? 가능한가요?

A. 현재 법 제도상 자기 '명의'의 재산에 대해서만 집행이 가능하여 부모 명의 계좌에 대해서는 채권압류가 불가능합니다.

Q. 보험계좌 압류를 추천하지 않는 이유가 무엇인가요?

A. 보험마다 성격이 다 다르고 원칙적으로 보험은 보험금 수령 조건이 발생해야만 지급되기 때문입니다. 즉, 바로 현금화할 수 없는 경우가 대다수고 경우에 따라서는 현금화가 되지 않는 경우도 있기 때문입니다.

Q. 압류 추심명령, 압류 전부명령 이런 용어들을 듣게 되는데 혹시 추심명령과 전부명령은 어떤 점이 다른가요?

A. 추심명령은 돈을 받을 수 있는 권리만을 양도받는 것이고 전부명령은 채권 자체를 양도받는 것입니다. 다소 어렵죠? 쉽게 예금으로 비유하여 설명하면 추심명령은 은행에서 돈 받을 수 있는 권한만을 갖는 것이고 전부명령은 예금계좌 자체를 가져오는 것이라고 할 수 있습니다.

Q. 그러면 돈을 받기 위해서는 계좌 자체를 가져오는 전부명령이 무조건 유리한 거 아닌가요? 어떤 경우에 추심명령을 진행하나요?

A. 추심명령은 실제 돈을 받지 못하더라도 받아야 하는 채권액에 영향을 주지 않지만, 전부명령은 실제 돈을 받았는지 여부와 무관하게 해당 금액만큼 채권액이 줄어들게 됩니다.

예를 들어, 상대방의 채무자가 돈을 지급하지 않을 경우에도 추심명령은 내가 지급받아야 할 돈에 영향을 주지 않지만 전부명령은 상대방의 채무자가 돈을 지급하는지 여부와 무관하게 내가 지급받을 돈이 줄어들게 됩니다. 이처럼 전부명령은 위험성이 있기때문에 통상적으로는 일부 예외적인 경우를 제외하면 추심명령으로 사건을 진행하고 있습니다.

Q. 추심된 이후에도 추심금 지급을 하지 않는 경우에는 어떻게 해야 할까요?

A. 지급을 안 하는 이유가 양육비 외에도 다양한 채권자들이 이미 압류를 해서 지급을 할 수 없는 등 법적으로 지급하지 않는 것이 어느 정도 인정되는 이유가 있는 것이 아니라면 우선 내용증명과 같이 지급하라고 요구하는 방법을 선택할 수 있습니다. 만일 이 내용증명 이후에도 지급하지 않으면 추심금 소송이라고 하여 별도로 소송을 제기하는 방법으로 절차를 진행할 수 있습니다.

다. 자동차압류

채무자 명의 자동차를 법원을 통하여 매각하는 절차를 말합니다(민사집행법 제187조). 부동산압류랑 유사한 절차죠. 그런데 부동산과 달리 자동차는 움직여서 자동차를 찾아서 견인하는 절차가 추가로 필요하여 실무적으로는 다소 복잡하고 어려운 절차이기도 합니다.

〈민사집행법〉
제187조(자동차 등에 대한 강제집행) 자동차·건설기계·소형선박(「자동차 등 특정동산 저당법」 제3조제2호에 따른 소형선박을 말한다) 및 항공기(「자동차 등 특정동산 저당법」 제3조제4호에 따른 항공기 및 경량항공기를 말한다)에 대한 강제집행절차는 제2편제2장제2절부터 제4절까지의 규정에 준하여 대법원규칙으로 정한다.

〈민사집행규칙〉
제108조(강제집행의 방법) 「자동차관리법」에 따라 등록된 자동차(다음부터 "자동차"라 한다)에 대한 강제집행(다음부터 "자동차집행"이라 한다)은 이 규칙에 특별한 규정이 없으면 부동산에 대한 강제경매의 규정을 따른다. 이 경우 법과 이 규칙에 "등기"라고 규정된 것은 "등록"으로, "등기부"라고 규정된 것은 "자동차등록원부"로, "등기관"이라고 규정된 것은 "특별시장·광역시장·특별자치시장 또는 도지사"로 본다.

제112조(압류자동차의 인도) 제3자가 점유하게 된 자동차의 인도에 관하여는 법 제193조의 규정을 준용한다. 이 경우 법 제193조제1항과 제2항의 "입류물"은 "입류의 효력 발생 당시 채무자가 점유하던 자동차"로 본다.

제116조(자동차인도집행불능시의 집행절차취소) 강제경매개시결정이 있은 날부터 2월이 지나기까지 집행관이 자동차를 인도받지 못한 때에는 법원은 집행절차를 취소하여야 한다.

Q. 자동차의 경우 부동산이나 채권에 비하여 압류가 권장되지 않는 이유가 뭔가요?

A. 자동차의 경우는 절차가 부동산이나 채권에 비하여 복잡하기 때문입니다. 비용도 채권보다 많이 들어서 실제 회수할 수 있는 금액도 적습니다. 그리고 자동차는 소재지 파악 후 인도를 해야만 압류 절차가 계속될 수 있는데 자기 차량이 아닌 경우 그 소재지 파악 문제 때문에 집행이 어려운 점도 있습니다.

Q. 집행관님이 연락을 주셔서 자동차가 현장에 없다며 자동차 위치가 특정이 되어야 한다고 합니다. 집행관님이 저보다 전문가이실 텐데 자동차의 위치 특정도 제가 해야 하는 걸까요?

A. 안타깝게도 현재 규정상 채권자가 법원 집행관에게 자동차의 위치를 특정해 줘야만 집행이 가능하게 되어 있습니다. 법원 집행관은 차량 수색에 대한 권한이 규정상 부여되어 있지 않기 때문입니다.

Q. 자동차압류하려면 비용이 얼마 정도 드나요?

A. 자동차의 시가표준액에 비례하여 산정되며, 자세한 비용은 법원 경매정보시스템 사이트(www.courtauction.go.kr)를 통히여 계신해 볼 수 있습니다. 가령, 시가표준액 2천만원 징도 되는 자동차의 경우, 944,800원을 경매비용으로 예납해야 합니다.

◎ 자동차등 경매예납금 납부 기준표

구분		수수료			
	기준금액 (시가표준액)	감정평가수수료 (A)	실비 (B)	부가가치세 10%(C)	감정료 (A+B+C)
감정료(가)	5백만 원까지	100,000원	48,000원	(A+B)×0.1	
	5백만 원 초과 197,727,272원까지	290,000원	48,000원	(A+B)×0.1	
	197,727,272원 초과 2억 원까지	(200,000원+5천만원 초과액의 11/10,000)×0.8	48,000원	(A+B)×0.1	
	2억 원 초과 5억 원까지	(200,000원+5천만원 초과액의 11/10,000)×0.8	88,000원	(A+B)×0.1	
	5억 원 초과 10억 원까지	(695,000+5억원 초과액의 9/10,000)×0.8	88,000원	(A+B)×0.1	
	10억 원 초과 50억 원까지	(1,145,000+10억원 초과액의 8/10,000)×0.8	88,000원	(A+B)×0.1	
	50억 원 초과 100억 원까지	(4,345,000+50억원 초과액의 7/10,000)×0.8	88,000원	(A+B)×0.1	
	100억 원 초과 11,925,000,000원 까지	(7,845,000+100억원 초과액의 6/10,000)×0.8	88,000원	(A+B)×0.1	
	11,925,000,000원 초과	7,200,000원	88,000원	(A+B)×0.1	
신문공고료(나)	220,000원 ※ 경매목적물이 다수인 경우 신문공고료가 추가 발생될 수 있습니다.				
매각수수료(다)	기준금액 10만 원 이하 : 5,000원 기준금액 10만 원 초과 1,000만 원 이하 : (기준금액-10만원) × 0.02 + 5,000원 기준금액 1,000만 원 초과 5,000 만 원 이하 : (기준금액-1천만원) × 0.015 + 203,000원 기준금액 5,000만 원 초과 1억 원 이하 : (기준금액-5천만원) × 0.01 + 803,000원 기준금액 1억 원 초과 3억 원 이하 : (기준금액-1억원) × 0.005 + 1,303,000원 기준금액 3억 원 초과 5억 원 이하 : (기준금액-3억원) × 0.003 + 2,303,000원 기준금액 5억 원 초과 10억 원 이하 : (기준금액-5억원) × 0.002 + 2,903,000원 기준금액 10억원 초과 : 3,903,000원				

◎ 등록세면허세 등 납부
▸ 항공기
　등록면허세 : 최대이륙중량 5천 700kg 이상의 경우 그 가액의 1천분의 0.1, 그 외의 등록 그 가액의 1천분의 0.2
　지방교육세 : 등록면허세의 100분의 20
▸ 자동차등
　자동차 → 등록면허세 : 건당 1만 5천원, 지방교육세 : 비과세
　건설기계(기계장비) → 등록면허세 : 건당 1만원, 지방교육세 : 등록면허세액의 100분의 20
　소형선박 → 등록면허세 : 건당 1만 5천원, 지방교육세 : 등록면허세액의 100분의 20

◎ 등기신청수수료 납부
▸ 경매개시결정등기기입과 말소등기 시 매 목적물 마다 3,000원

◎ 자동차등 가격정보
▸ 자동차등의 시가표준액에 대한 상세한 가격 정보를 아래 사이트를 통해 확인하거나
　(분야별정보→세금 재정→세금→세금자료실), 경매목적물 소재지 시 군 구청에 문의하시기 바랍니다.

　서울특별시　▸ 사이트 바로가기

◎ 송달료
　(신청서상 이해관계인 수+3) × 10회분(1회분 5,200원)

* 출처: 대한민국법원 법원경매정보 누리집(https://www.courtauction.go.kr/AucExpRealEst.laf), 최후 방문일: 2024. 10. 25.

라. 동산압류

　채무자가 가지고 있는 각종 물건을 법원을 통하여 매각하는 절차를 말합니다(민사집행법 제188조 이하). 자동차와 같이 움직일 수 있고, 부동산이나 자동차와 같이 등록부라는 개념이 없어서 채권자가 동산을 하나하나 특정하는 등 실무적으로 다양한 이유로 복잡하고 어려운 절차이기도 합니다.

〈민사집행법〉

제188조(집행방법, 압류의 범위) ① 동산에 대한 강제집행은 압류에 의하여 개시한다.

② 압류는 집행력 있는 정본에 적은 청구금액의 변제와 집행비용의 변상에 필요한 한도안에서 하여야 한다.

③ 압류물을 현금화하여도 집행비용 외에 남을 것이 없는 경우에는 집행하지 못한다.

제189조(채무자가 점유하고 있는 물건의 압류) ① 채무자가 점유하고 있는 유체동산의 압류는 집행관이 그 물건을 점유함으로써 한다. 다만, 채권자의 승낙이 있거나 운반이 곤란한 때에는 봉인(封印), 그 밖의 방법으로 압류물임을 명확히 하여 채무자에게 보관시킬 수 있다.

② 다음 각호 가운데 어느 하나에 해당하는 물건은 이 법에서 유체동산으로 본다.

　1. 등기할 수 없는 토지의 정착물로서 독립하여 거래의 객체가 될 수 있는 것

　2. 토지에서 분리하기 전의 과실로서 1월 이내에 수확할 수 있는 것

　3. 유가증권으로서 배서가 금지되지 아니한 것

③ 집행관은 채무자에게 압류의 사유를 통시하여야 한다.

제193조(압류물의 인도) ① 압류물을 제3자가 점유하게 된 경우에는 법원은 채권자의 신청에 따라 그 제3자에 대하여 그 물건을 집행관에게 인도하도록 명할 수 있다.

② 제1항의 신청은 압류물을 제3자가 점유하고 있는 것을 안 날부터 1주 이내에 하여야 한다.

③ 제1항의 재판은 상대방에게 송달되기 전에도 집행할 수 있다.

④ 제1항의 재판은 신청인에게 고지된 날부터 2주가 지난 때에는 집행할 수 없다.

⑤ 제1항의 재판에 대하여는 즉시항고를 할 수 있다.

Q. 동산 압류가 부동산이나 채권에 비하여 압류가 권장되지 않는 이유는 무엇인가요?

A. 동산압류를 하려면 동산을 일일이 특정해야 하기 때문입니다. 가령, 가전제품을 예를 들면, 단순히 냉장고, TV 이렇게 해야 하는 것이 아니라 모델명을 특정해야 집행이 되는데 이를 채권자가 알기는 매우 어렵기 때문입니다.

Q. 동산압류 집행비용은 얼마 정도 드나요?

A. 동산압류는 부동산, 자동차와 같이 예납비용이 필요한데 주소지와 채권액을 기반하여 산정하게 됩니다. 자세한 비용은 법원 경매정보시스템 사이트(www.courtauction.go.kr)를 통하여 계산해 볼 수 있습니다.

그 밖에 실제 집행과정에서 물건을 가져와야 하는데 이는 포장이사와 비슷한 면이 있어서 인건비와 보관비가 별도로 발생합니다. 그래서 집행비용은 동산의 양, 무게, 부피 등을 고려해서 몇 톤 트럭이 몇 대 정도 운행해야 하는지에 따라 정해지는데 집행관과 진행 업체 선정 등을 협의하면서 구체적인 집행비용이 나오게 됩니다. 통상적으로 인건비와 트럭 비용은 동일 부피 포장이사 비용보다 조금 더 들고 있다는 점 참고하여 주시기 바랍니다.

4. 가사특별절차

가. 양육비 직접지급명령

양육비 관련 절차에서도 상대방이 이미 줬어야 할 양육비를 주지 않고 있다면 '양육비 채권에 대한 강제집행'을 할 수 있습니다. 이에 더하여 양육비 제도에는 '양육비 직접지급명령'이라는 절차가 존재합니다. 이 절차는

○ 정기적으로 양육비를 지급해야 할 상대방이 2회 이상 양육비를 주지 않고 있을 때
○ 이전에 줘야 했었던(발생한) 양육비가 아니라, 앞으로 줘야 할(발생할) 양육비를 대상으로
○ '상대방'이 아니라 '상대방이 일하고 있는 직장'에 강제집행(압류)를 할 수 있는 제도(가사소송법 제63조의2)입니다.

〈가사소송법〉
제63조의2(양육비 직접지급명령) ① 가정법원은 양육비를 정기적으로 지급할 의무가 있는 사람(이하 "양육비채무자"라 한다)이 정당한 사유 없이 2회 이상 양육비를 지급하지 아니한 경우에 정기금 양육비 채권에 관한 집행권원을 가진 채권자(이하 "양육비채권자"라 한다)의 신청에 따라 양육비채무자에 대하여 정기적 급여채무를 부담하는 소득세원천징수의무자(이하 "소득세원천징수의무자"라 한다)에게 양육비채무자의 급여에서 정기적으로 양육비를 공제하여 양육비채권자에게 직접 지급하도록 명할 수 있다.
② 제1항에 따른 지급명령(이하 "양육비 직접지급명령"이라 한다)은 「민사집행법」에 따라 압류명령과 전부명령을 동시에 명한 것과 같은 효력이 있고, 위 지급명령에 관하여는 압류명령과 전부명령에 관한 「민사집행법」을 준용한다. 다만, 「민사집행법」 제40조제1항과 관계없이 해당 양육비 채권 중 기한이 되지 아니한 것에 대하여도 양육비 직접지급명령을 할 수 있다.

③ 가정법원은 양육비 직접지급명령의 목적을 달성하지 못할 우려가 있다고 인정할 만한 사정이 있는 경우에는 양육비채권자의 신청에 의하여 양육비 직접지급명령을 취소할 수 있다. 이 경우 양육비 직접지급명령은 장래에 향하여 그 효력을 잃는다.

④ 가정법원은 제1항과 제3항의 명령을 양육비채무자와 소득세원천징수의무자에게 송달하여야 한다.

⑤ 제1항과 제3항의 신청에 관한 재판에 대하여는 즉시항고를 할 수 있다.

⑥ 소득세원천징수의무자는 양육비채무자의 직장 변경 등 주된 소득원의 변경사유가 발생한 경우에는 그 사유가 발생한 날부터 1주일 이내에 가정법원에 변경사실을 통지하여야 한다.

매달 상대방에게 꼬박꼬박 지급되는 월급을 회사로부터 '직접' 양육비로 받아올 수 있다는 점에서 효과적이고 간편한 방법입니다.

Q. 상대방의 급여를 압류하고 싶은데, 양육비 직접지급명령이라는 제도를 이용할 수 있을까요?

A. 일반적인 압류는 민사집행법에 기초한 강제집행절차로써, 이미 발생한 양육비에 대해서만 신청할 수 있고, 이미 상대방이 보유하고 있는 재산을 대상으로만 신청할 수 있습니다. 그러나 양육비 직접지급명령은 앞으로 받게 될 장래의 양육비 채권을 바탕으로 상대방이 미래에 받을 급여에 대해 강제집행을 할 수 있다는 점에서 일반적인 강제집행 절차와 다른 특별한 절차라 할 수 있습니다.

Q. 상대방이 직업의 특성상 이직이 잦은데 이런 경우에도 양육비 직접지급명령을 진행할 수 있나요?

A. 일반적으로 직접지급명령 절차 진행에는 3~6개월 정도 소요됩니다. 따라서 이직이 잦은 경우에는 절차를 진행하는 중간에 상대방의 직장이 변경되는 경우 실질적으로 절차 진행이 어려울 수 있으므로 이 경우에는 직접지급명령 절차를 권해드리지 않습니다.

Q. 상대방이 개인사업자이지만 계속 계약되어 있는 용역업체가 있습니다. 같은 방식으로 진행할 수 있나요?

A. 양육비 직접지급명령의 대상이 되는 급여채권(보수)는 상대방이 제3자에게 고용되어 근로를 제공한 대가로 받는 정기적 보수를 의미합니다. 즉 상대방이 '정기적으로 월급을 받는 직장인'이어야 합니다. 따라서 상대방이 자영업자이거나, 프리랜서 등 소득이 일정하지 않은 일을 하거나, 근로자라 하더라도 불규칙적으로 월급을 받는 경우에는 양육비직접지급명령을 신청할 수 없습니다.

나. 담보지급명령과 일시금지급명령

양육비를 정기적으로 지급해야 할 상대방이 월급을 받는 직장인이 아니라 자영업자인 경우 양육비 직접지급명령이 어려울 수 있습니다. 이 경우 양육비를 받을 입장에서는 장래에 지급해야 할 양육비를 제대로 이행할지에 대한 걱정이 존재할 수밖에 없겠죠.

이런 문제를 방지하고자 법원은 정기적으로 양육비를 지급해야 하는 상대방이 정당한 이유 없이 양육비를 주지 않는 경우, 법원은 상대방에게 앞으로 양육비 지급을 제대로 할 것을 담보하라는 의미에서 일정 기간 내에 일정 금액을 법원에 보증금으로 낼 것을 명령할 수 있습니다(가사소송법 제63조의3).

〈가사소송법〉

제63조의3(담보제공명령 등) ① 가정법원은 양육비를 정기금으로 지급하게 하는 경우에 그 이행을 확보하기 위하여 양육비채무자에게 상당한 담보의 제공을 명할 수 있다.

② 가정법원은 양육비채무자가 정당한 사유 없이 그 이행을 하지 아니하는 경우에는 양육비채권자의 신청에 의하여 양육비채무자에게 상당한 담보의 제공을 명할 수 있다.

③ 제2항의 결정에 대하여는 즉시항고를 할 수 있다.

④ 제1항이나 제2항에 따라 양육비채무자가 담보를 제공하여야 할 기간 이내에 담보를 제공하지 아니하는 경우에는 가정법원은 양육비채권자의 신청에 의하여 양육비의 전부 또는 일부를 일시금으로 지급하도록 명할 수 있다.

⑤ 제2항과 제4항의 명령에 관하여는 제64조제2항을 준용한다.

⑥ 제1항과 제2항의 담보에 관하여는 그 성질에 반하지 아니하는 범위에서 「민사소송법」 제120조제1항, 제122조, 제123조, 제125조 및 제126조를 준용한다.

만약 상대방이 법원의 담보제공명령을 위반한다면, 법원은 과태료를 부과하거나 양육비의 일부 또는 전부를 한번에 지급하라는 명령을 내릴 수 있는데요, 이 절차가 바로 '일시금지급명령'입니다(가사소송법 제63조의3 제4항).

Q. 상대방이 양육비를 지급하겠다는 말을 계속 안 지키고 있습니다. 더 이상 상대방의 말을 믿을 수가 없는데 담보제공명령이라는 것이 가능한가요?

A. 상대방이 장래에 정기적으로 지급해야 할 양육비를 지급하지 않고 있거나 향후 지급하지 않을 우려가 존재하는 경우, 또는 상대방이 자영업자여서 양육비 직접지급명령을 신청하기 어려운 경우 일정한 담보를 제공하게끔 하는 담보제공명령을 신청할 수 있습니다. 이 경우 상대방이 장래에 정기적으로 양육비를 지급해야 한다는 것을 증명할 수 있는 서류(판결 등)의 제출이 필요합니다. 법원은 대부분의 경우 상대방에게 담보로 현금을 제공(공탁) 할 것을 명령하며, 신청인은 상대방이 양육비 지급을 이행하지 않을 경우 일정한 절차를 거쳐 담보권을 행사하여 공탁된 현금을 출금할 수 있습니다.

Q. 일시금지급명령은 무엇인가요?

A. 상대방이 담보제공명령을 받고도 담보제공기간 이내에 담보를 제공하지 않는다면, 가정법원은 양육비의 전부 또는 일부를 한번에 지급(일시금) 하도록 명령할 수 있습니다. 즉, 일시금지급명령은 담보제공명령을 위반한 상대방에 대해 불이익을 주기 위한 목적으로 양육비 중 일정 금액을 한번에 지급하도록 하는 것입니다. 일시금지급명령을 위반하는 경우, 이행명령 위반의 경우와 같이 감치명령이 내려질 수 있습니다.

Q. 일시금지급명령을 받았는데 양육비 산정이 너무 적게 되어 있다는 생각이 듭니다. 양육비 변경을 신청할 수 있을까요?

A. 일시금지급명령은 명령 시점을 기준으로 하여 이미 결정 등으로 정해진 양육비를 일시금으로 정리하는 절차입니다. 따라서 이후로는 해당 시점 이전까지의 양육비 변경 신청은 대개 받아들여지지 않고 있습니다.

5. 마치며

이렇게 양육비와 관련해서는 독촉절차 및 집행과 관련된 특별절차가 존재합니다. 흐름에 따라 한번 정리해 볼까요!

만일 상대방이 양육비를 제때 주고 있지 않다면,

○ 법원을 통하여 **이행명령**으로 상대방을 독촉할 수 있습니다. 이행명령에도 불구하고 상대방이 양육비를 주지 않으면 과태료나 감치 등을 통해 한 번 더 상대방을 압박할 수 있습니다.

○ 이미 밀린 양육비가 어느 정도 된다면 상대방 명의 부동산을 경매에 넘긴다거나 예금채권을 압류하는 방식으로 양육비를 받을 수 있습니다.

○ 또한, 상대방이 정기적인 급여를 받는 사람이라면 양육비 직접지급명령을 통해 장래 양육비를 받을 수 있습니다.

○ 또는 담보제공명령을 통하여 양육비 지급을 사실상 강제할 수 있고 이 담보제공명령을 위반하는 경우 과태료 부과나 양육비 전부 또는 일부를 한 번에 지급하도록 하는 일시금지급명령을 신청할 수 있습니다.

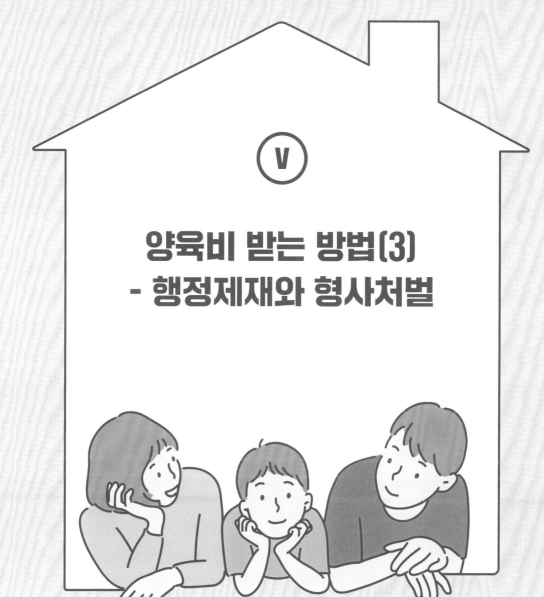

Ⅴ

양육비 받는 방법(3)
- 행정제재와 형사처벌

1. 양육비이행법상 행정제재

가. 운전면허 정지 신청

앞에서 살펴본 것처럼 양육비 채무자가 양육비 채무를 이행하지 않는 경우, 양육비 채권자는 가정법원에 이행명령 결정 신청을 할 수 있습니다. 그런데 이후에도 양육비를 이행하지 않으면 앞서 살핀 감치명령의 방법 외에도 여성가족부장관이 양육비이행심의위원회의 심의·의결을 거쳐 지방경찰청장에게 해당 양육비 채무자의 운전면허의 효력을 정지시킬 것을 요청할 수 있습니다(양육비이행법 제21조의3). 소위, 운전면허 정지 신청입니다. 대개의 사회생활하는 사람이라면 운전은 필수적이기 때문에 상당히 번거로움을 줄 수 있다는 점에서 간접적으로 양육비 지급을 강제할 수 있는 방법입니다.

〈양육비이행법〉
제21조의3(운전면허 정지처분 요청) ① 여성가족부장관은 양육비 채무 불이행으로 인하여 「가사소송법」 제64조제1항제1호에 따른 이행명령 결정을 받았음에도 불구하고 양육비 채무를 이행하지 아니하는 양육비 채무자 중 대통령령으로 정하는 사람에 대하여 위원회의 심의·의결을 거쳐 지방경찰청장(지방경찰청장으로부터 운전면허 정지처분에 관한 권한을 위임받은 자를 포함한다. 이하 이 조에서 같다)에게 해당 양육비 채무자의 운전면허(양육비 채무자가 지방경찰청장으로부터 받은 모든 범위의 운전면허를 포함한다. 이하 이 조에서 같다)의 효력을 정지시킬 것(이하 이 조에서 "운전면허 정지처분"이라 한다)을 요청할 수 있다. 다만, 양육비 채무자가 해당 운전면허를 직접적인 생계유지 목적으로 사용하고 있어 운전면허의 효력을 정지하게 되면 양육비 채무자의 생계유지가 곤란할 것으로 인정되는 경우에는 그러하지 아니하다.
② 제1항에 따른 여성가족부장관의 요청을 받은 지방경찰청장은 정당한 사유가 없으면 이에 협조하여야 한다.

---

③ 여성가족부장관은 제1항 본문에 따라 운전면허 정지처분 요청을 한 후 해당 양육비 채무자가 양육비를 전부 이행한 때에는 지체 없이 운전면허 정지처분 요청을 철회하여야 한다.

④ 제1항부터 제3항까지에서 규정한 사항 외에 운전면허 정지처분 요청 등에 필요한 사항은 대통령령으로 정한다.

나. 출국금지 신청

위와 같이 양육비 채무 불이행으로 인해 이행명령(가사소송법 제64조)을 받았음에도 불구하고 양육비를 지급하지 않는 채무자 중 양육비 채무가 3천만 원 이상인 사람 또는 양육비 채무를 3기(期) 이상 이행하지 않은 사람에 대하여는 여성가족부장관이 양육비이행심의위원회의 심의·의결을 거쳐 법무부장관에게 출국금지를 요청할 수 있습니다(양육비이행법 제21조의4).

〈양육비이행법〉

제21조의4(출국금지 요청 등) ① 여성가족부장관은 양육비 채무 불이행으로 인하여 「가사소송법」 제64조제1항제1호에 따른 이행명령 결정을 받았음에도 불구하고 양육비 채무를 이행하지 아니하는 양육비 채무자 중 대통령령으로 정하는 사람에 대하여 위원회의 심의·의결을 거쳐 법무부장관에게 「출입국관리법」 제4조제3항에 따라 출국금지를 요청할 수 있다.

② 법무부장관은 제1항에 따른 출국금지 요청에 따라 출국금지를 한 경우에는 여성가족부장관에게 그 결과를 정보통신망 등을 통하여 통보하여야 한다.

③ 여성가족부장관은 양육비 채무의 이행, 양육비 채무자의 재산에 대한 강제집행 등으로 출국금지 사유가 해소된 경우에는 즉시 법무부장관에게 출국금지의 해제를 요청하여야 한다.

④ 제1항부터 제3항까지에서 규정한 사항 외에 출국금지 요청 등에 필요한 사항은 대통령령으로 정한다.

다. 명단 공개 신청

양육비 채권자는 양육비 채무자가 법원으로부터 이행명령을 받았음에도 불구하고 양육비를 지급하지 않는 경우 '명단 공개 신청서'에 법원의 이행명령 결정에 관한 서류를 첨부해서 여성가족부장관에게 제출하여 명단공표를 신청할 수 있습니다(양육비이행법 제21조의5). 이는 기존에 민간의 '배드 파더스'류의 사이트 등과 그 목적은 같이하나 행정기관을 통한 공식적인 절차라는 점에서 차이가 있습니다.

〈양육비이행법〉
제21조의5(명단 공개) ① 여성가족부장관은 양육비 채무 불이행으로 인하여 「가사소송법」 제64조제1항 제1호에 따른 이행명령 결정을 받았음에도 불구하고 양육비 채무를 이행하지 아니하는 양육비 채무자 중 대통령령으로 정하는 사람에 대하여 양육비 채권자의 신청에 의하여 위원회의 심의·의결을 거쳐 다음 각 호의 정보를 공개할 수 있다. 다만, 양육비 채무자의 사망 등 대통령령으로 정하는 사유가 있는 경우에는 그러하지 아니하다.
　　1. 양육비 채무자의 성명, 나이 및 직업
　　2. 양육비 채무자의 주소 또는 근무지(「도로명주소법」 제2조제5호의 도로명 및 같은 조 제7호의 건물 번호까지로 한다)
　　3. 양육비 채무 불이행기간 및 양육비 채무액
② 여성가족부장관은 제1항에 따라 명단 공개를 할 경우 양육비 채무자에게 3개월 이상의 기간을 정하여 소명 기회를 주어야 한다.
③ 제1항에 따른 공개는 여성가족부 또는 이행관리원의 인터넷 홈페이지에 게시하는 방법이나 「언론중재 및 피해구제 등에 관한 법률」 제2조제1호에 따른 언론이 요청하는 경우 제1항 각 호의 정보를 제공하는 방법으로 한다. 〈개정 2024. 3. 26.〉
④ 제1항부터 제3항까지의 규정에 따른 명단 공개 등에 필요한 사항은 대통령령으로 정한다.

명단공표 신청에 따라 양육비이행심의위원회는 명단 공표 여부를 결정하는데 1) 양육비 채무자가 사망하거나 실종 선고를 받은 경우, 2) 채무액 절반 이상을 이행하고 나머지 금액에 대해 이행계획을 제출해서 명단 공개 대상에서 제외할 필요가 있다고 인정되는 경우, 3) 회생절차개시 결정을 받거나 파산선고를 받은 경우, 4) 기타 위원회가 인적사항 공개의 실효성이 없다고 인정하는 경우에는 명단공표가 되지 않을 수 있습니다.

라. 기타 사항 - 관련법 개정에 따른 절차 등 일부 변경사항

위에서 설명 드린 제도들은 양육비를 지급하지 않는 양육비 채무자들에 대한 행정제재들입니다. 현재는 법원으로부터 받은 이행명령만 있다면 저런 제도들을 이용할 수 있지만 불과 얼마 전까지만 하더라도 감치명령 결정까지 받아야 가능한 것들이었는데요.

그동안의 행정 제재와 관련하여 사회 전반적으로 1) 양육비를 받지 못해 이미 심적, 경제적으로 힘든 상황에서 이행명령부터 감치명령 신청까지 거쳐야 될 절차가 많다는 점 2) 절차 진행에 오랜 시간이 소요되어 결국 신청을 하는 쪽에 실효성이 없는 절차라는 점 등이 지속적으로 지적되어 왔기 때문입니다. 이러한 문제점을 개선하기 위해 최근 양육비이행법이 개정되어 기존에는 운전면허 정지, 출국금지, 명단 공표 등 행정제재 조치를 하기 위해서는 감치명령이 필요했는데, 이제는 이행명령 결정만 받더라도 신청이 가능한 것으로 완화되었습니다.

따라서 종전의 제도보다 양육비 지급 채무자에 대한 행정제재를 더욱 쉽게 하도록 하여 구제를 쉽게 받을 수 있도록 노력하고 있습니다.

Q. 양육비를 지급해 주지 않는 사람에 대하여 운전면허를 정지시킬 수 있다는 이야기를 들었습니다. 정말인가요?

A. 양육비 채무자가 양육비를 지급하지 않는 경우 아래와 같은 순서로 행정제재를 요청할 수 있습니다.

① 이행명령 신청

↓

② 위 신청에 따른 이행명령 결정

↓

③ (양육비 미지급시) 운전면허 정지처분 요청

다만, 양육비 채무자가 예를 들어 택시기사, 화물차운전수 등 운전면허를 직접적인 생계유지 목적으로 사용하고 있어 운전면허의 효력을 정지하게 되면 양육비 채무자의 생계 유지가 곤란할 것으로 인정되는 경우에는 운전면허 정지처분 요청을 할 수 없다고 보아야 합니다.

Q. 양육비를 지급하지 않으면 출국금지 조치를 받게 된다고 하는데, 그 절차는 어떻게 되나요?

A. 양육비 채무자가 이행명령 결정을 받았음에도 불구하고 양육비를 지급하지 않는 채무자 중 양육비 채무가 3천만 원 이상이거나 양육비를 3회 이상 납부하지 않은 사람에 대하여는 여성가족부장관이 양육비이행심의위원회의 심의·의결을 거쳐 법무부장관에게 출국금지를 요청할 수 있습니다.

Q. 명단공표의 요건과 절차를 알려 주세요.

A. 위와 같이 양육비 채무자가 양육비 채무 불이행으로 인해 이행명령 결정을 받았음에도 불구하고 양육비를 지급하지 않는 경우, 양육비 채권자는 '명단 공개 신청서'에 법원의 이행명령 결정에 관한 서류를 첨부해서 여성가족부장관에게 제출하여 명단공표를 신청할 수 있습니다.

신청에 따라 양육비이행심의위원회는 명단 공표 여부를 결정하는데 1) 양육비 채무자가 사망하거나 실종 선고를 받은 경우, 2) 채무액 절반 이상을 이행하고 나머지 금액에 대해 이행계획을 제출해서 명단 공개 대상에서 제외할 필요가 있다고 인정되는 경우, 3) 회생절차개시 결정을 받거나 파산선고를 받은 경우, 4) 기타 위원회가 인적사항 공개 실효성이 없다고 인정하는 경우에는 명단 공표가 되지 않을 수 있습니다.

이전에는 이런 행정제재를 신청하려면 이행명령 뿐만 아니라 감치명령 결정까지 필요했었는데 아무래도 감치명령 결정이 내려지기까지 복잡한 절차와 시간이 소요되는 문제가 있어 이를 해결하고 양육비를 받지 못하고 있는 피해자를 폭넓게 보호하고자 최근 법이 개정되어 이행명령 결정만 받더라도 행정제재 신청이 가능하게 되었습니다.

Q. 법적으로 정해진 명단공표 요건이 너무 엄격한 것 같아요. 공익을 목적으로 하는 여러 채널에서 명단을 공개해 주겠다, 법적으로 문제가 없다는 글을 많이 보았는데, 그 쪽을 통해 진행하는 것이 더 간편하지 않을까요?

A. 원칙적으로 양육비를 지급하지 않는다고 나쁜 사람이라고 손가락질 하는 행위는 명예훼손에 해당할 수 있습니다. 실제로 법원은 '배드파더스' 운영진 및 제보자에 대한 명예훼손 사건에서 운영진 및 제보자를 유죄로 판단하기도 했습니다. 법원의 판단 내용을 간단히 말하자면 배드파더스에 올라온 사람들이 양육비를 지급하지 않은 책임이 일부 있다고는 하더라도, 신상정보 공개 행위가 사적 제재로 무분별하게 악용되면 그로 인한 피해가 너무 크기 때문에 배드파더스를 이용한 행위가 결코 정당화될 수 없다는 것입니다. 따라서 어떠한 경우라도 법에 허용된 절차에 따라 권리를 추구해야 하는 것이지 사적 제재 방법을 선택한다면 형사범죄로 처벌될 수 있음을 명심하셔야 합니다.

Q. 행정제재에 소요되는 시간은 얼마나 걸리나요?

A. 법원의 시계는 일반인의 시계보다 느리게 흘러간다는 말이 있을 정도로 보통 법적 절차들은 굉장히 긴 시간이 걸린다는 것이 사회 일반적인 통념이라고 보셔도 무방할 정도입니다.

아무래도 법원은 누군가를 심판하고, 누군가의 권리를 보장하고 의무를 부과하는 일들을 하다 보니 빠른 일처리보다는 정확한 사실관계 파악과 올바른 판단이 요구된다는 점에서 당연한 일일지도 모르겠습니다.

행정제재도 이와 마찬가지 이유로 긴 시간이 필요할 수밖에 없는 상황이고, 특히 명단 공개의 경우 법적으로 양육비 채무자에게 3개월 이상의 기간을 정하여 소명할 기회를 주어야 한다고 정하고 있기 때문에 최소한 3개월 이상의 시간이 걸릴 수 있다는 점을 명심하셔야 합니다.

Q. 행정제재는 누구에게 신청하면 되는 건가요?

A. 명단 공개 신청은 명단 공개 신청서에 법원의 이행명령 결정에 관한 서류를 첨부해 여성가족부장관에게 제출하여야 하는데, 여성가족부 공식 사이트에 접속하시면 해당 신청서를 작성 및 제출할 수 있도록 하고 있습니다. 또는 국민신문고를 통한 민원 접수도 가능합니다.

2. 양육비이행법상 형사처벌

가. 양육비이행법에 따른 형사처벌 규정

이혼한 배우자가 법원의 판결 등을 무시하고 악의적으로 양육비를 주지 않는 경우가 종종 발생합니다. 단순히 가사소송 판결만으로는 양육비 채무자에 대해 양육비를 지급하도록 하는 강제력이 부족할 수밖에 없는 현실적인 문제가 있는데요. 이런 경우에 악의적인 양육비 미지급 채무자에 대한 형사처벌은 가능할까요?

정답은 '가능하다.'입니다. 2021. 1. 12.자로 양육비이행법이 개정되어 감치명령 결정을 받고 정당한 사유 없이 1년 이내에 양육비 채무를 이행하지 아니한 사람은 이 법 제27조 제2항 제2호에 따라 1년 이하의 징역 또는 1천만 원 이하의 벌금에 처해질 수 있습니다.

> 〈양육비이행법〉
> 제27조(벌칙) ② 다음 각 호의 어느 하나에 해당하는 사람은 1년 이하의 징역 또는 1천만원 이하의 벌금에 처한다.
> 　2.「가사소송법」제68조제1항제1호 또는 제3호에 따른 감치명령 결정을 받았음에도 불구하고 정당한 사유 없이 감치명령 결정을 받은 날부터 1년 이내에 양육비 채무를 이행하지 아니한 사람. 다만, 피해자의 명시한 의사에 반하여 공소를 제기할 수 없다.

양육비 지급 문제는 단순히 채무 불이행 문제가 아니라 보호 양육의 대상인 아동의 복지와도 바로 연결되는 심각한 문제임에도 그동안 양육비 미지급에 대한 형사처벌 등 강력한 제재 방법이 없는 현실을 개선하기 위해 법이 개정된 것입니다. 이로인해 양육비 미지급자가 형사처벌을 받을 가능성이 생겨서 양육비 미지급 사례들이 어느 정도 해결될 실마리를 줄 수 있을 것으로 보입니다.

나. 아동복지법상 아동학대에 해당하는지 여부

아동학대는 보호자 또는 성인이 보호 대상인 아동에게 신체적 · 정신적 · 성적 폭력을 가하거나 아동을 돌보지 않고 유기 · 방임하는 것을 말합니다. 이런 내용을 보고 나면 양육비를 주지 않는 것이 아동을 돌보지 않고 유기 · 방임하는 것에 해당하지 않느냐는 의문이 드실 수 있는데요.

이를 조금 더 자세히 알아보자면 「아동학대범죄의 처벌 등에 관한 특례법」은 「아동복지법」 제17조(금지행위) 6호 "자신의 보호 · 감독을 받는 아동을 유기하거나 의식주를 포함한 기본적 보호 · 양육 · 치료 및 교육을 소홀히 하는 방임행위"[3]를 아동학대범죄로 규정하고 있습니다.

한편, 법원은 양육비를 지급하지 않으면서 동시에 아동 학대에 해당할 수 있는 다른 사유가 존재하는 일부 사안에서 아동학대로 판단하는 경우가 있습니다. 다만 단순히 양육비를 지급하지 않았다는 사실만으로 아동학대로 판단한 사례는 확인되지 않습니다.

Q. 상대방이 양육비를 전혀 지급하지 않고 있고 저와 아이는 너무 힘들게 지내고 있습니다. 상대방에게 벌을 주고 싶고, 가능하다면 감옥에 보내 버리고 싶은데 가능할까요?

A. 결론부터 말씀드리자면 제한적인 경우 형사고소가 가능합니다.
양육비 채무자가 양육비를 지급하지 않아서 법원으로부터 감치명령 결정을 받고, 정당한 사유 없이 1년 이내에 양육비 채무를 이행하지 아니한 사람은 양육비이행법에 따라 1년 이하의 징역 또는 1천만원 이하의 벌금에 저해실 수 있습니다.

---

3) 죄형법정주의 내지 문언해석의 원칙에 따라 위 내용 중 방임행위의 객체를 '자신의 보호 감독을 받는 아동'으로 국한하여 해석하는 것이 옳지 않은가에 대한 의견이 추가될 수 있을지 여부, 양육비 미지급에 대한 죄명은 '양육비 이행확보 및 지원에 관한 법률위반죄'로써 '아동학대처벌법'으로 의율되는 범죄가 아니라는 점을 언급하여야 할지 여부 (가벼운 내용 전달과는 거리가 먼 점)

Q. 양육비는 제가 아니라 아이를 위한 돈인데, 부모로서 양육비를 주지 않는 것도 아동학대에 해당되는 거 아닐까요?

A. 아동학대는 보호자 또는 성인이 보호 대상인 아동에게 신체적·정신적·성적 폭력을 가하거나 아동을 돌보지 않고 유기·방임하는 것을 말합니다. 양육비를 주지 않는 것이 아동을 돌보지 않고 유기·방임하는 것에 해당하지 않느냐는 의문이 드실 수 있습니다. 그러나 기존 법원 판단에 의하면 단순 '양육비 미지급'은 형사법적으로 처벌될 수 있는 아동 학대 행위에 해당하지 않는다고 보고 있어서 안타까운 상황입니다.

다만, 최근 2024. 7. 26.자로 아동복지법 개정안이 발의되어 국회에서 그 처리가 대기 중입니다. 해당 개정안은 '부양의무가 있는 보호자가 정당한 사유 없이 아동 양육의 책임을 이행하지 않는 것을 아동학대로 규정하고, 이를 위반할 경우 2년 이하의 징역 또는 2천만 원 이하의 벌금형에 처한다.'는 내용입니다.

이는 현재 양육비를 지급하지 않는 등 부양 의무를 이행하지 않는 보호자에 대해 앞서 소개드린 이행 명령, 감치 명령, 운전면허 정지처분, 출국금지 요청 및 명단 공개 등 조치를 할 수 있으나 위 제재 조치를 이행하더라도 양육비를 지급하는 경우가 극소수라는 점 등 제도의 실효성이 현저히 부족하다는 문제 인식에서 비롯되어 양육비 이행 확보의 실효성을 제고하기 위해 마련된 조치라고 보면 되겠습니다.

만약 위 개정안이 국회를 통과하여 시행될 경우 해당 법률의 시행 이후 양육비를 지급하지 않는 것은 기존까지와는 달리 그 자체로 처벌 가능성이 있는 아동학대 행위로 규정될 수 있습니다.

Q. 양육비 미지급에 대해 솜방망이 처벌만 내려지는 이유가 뭘까요?

A. 양육비 미지급의 경우 양육비이행법에 의해 1년 이하의 징역 또는 1천만원 이하의 벌금에 처해질 수 있습니다.

양육비 미지급의 처벌이 낮은 것은 첫째로, 양육비 지급은 기본적으로는 금전관계에 기초하기 때문에, 형사처벌의 대상이라기보다는 민사소송의 영역에 속하기 때문이고, 둘째로 형법상 유기죄는 보호 대상을 보호하지 않는 직접적인 행위(부작위)를 의미하는 반면 양육비 미지급은 그 자체만으로는 유기 내지 아동학대에 준한다고 보기는 어렵다는 인식 때문이 아닐까 싶습니다.

물론 양육비 미지급에 대한 사회적 관심과 문제 의식이 나날이 높아져 가고 있고, 실제로 이를 폭넓게 보호하기 위해 최근 관련 법들이 개정되어 행정제재 절차가 간소화되고 형사처벌까지 가능하도록 처벌규정이 신설되는 등의 변화가 관찰되고 있으므로, 앞으로 우리 사회가 양육비 미지급에 대한 심각성을 깊이 인식할수록 처벌 수위도 높아질 가능성이 있습니다.

양육비 소송 절차 개요

1. 어느 법원으로 가야할까?

양육비 지급 청구 소송뿐만 아니라 모든 법적 조치에는 그 사건의 종류에 맞는 '관할'이라는 개념이 존재합니다. 관할은 소송법상의 개념으로 특정 사건에 대하여 이떤 법원이 재판권을 행사하는가, 어떤 법원에 소송을 제기해야 하는지에 대한 개념이라고 생각하시면 이해가 편하실 겁니다.

관할은 보통 민사소송법, 가사소송법 등 법령으로 정해진 경우가 대부분인데 양육비와 관련한 소송은 일반적으로 가사소송법상 마류 비송사건으로서 상대방의 보통재판적, 즉 상대방 주소지를 관할하는 가정법원에 가시면 됩니다. 빈번하게 이루어지는 절차의 관할을 정리하면 다음과 같습니다.

가. 양육비 변경
상대방 주소지 관할 법원

나. 이행명령
미성년자녀 - 미성년자녀 주소지 관할 법원
성년자녀 - 상대방 주소지 관할 법원
　　　　　보충적 서울가정법원

다. 감치명령
이행명령을 한 법원

라. 직접지급명령

자녀 주소지 관할 법원

보충적 사용자 주소지 관할 법원

마. 담보제공, 일시금지급

자녀 주소지 관할 법원, 보충적 서울가정법원

〈가사소송법〉

제35조(관할) ① 이 법과 대법원규칙으로 관할법원을 정하지 아니한 가사비송사건은 대법원이 있는 곳의 가정법원이 관할한다.

② 가사비송사건에 관하여는 제13조제2항부터 제5항까지의 규정을 준용한다.

제46조(관할) 마류 가사비송사건은 상대방의 보통재판적이 있는 곳의 가정법원이 관할한다.

〈가사소송규칙〉

제120조의3(양육비 직접지급명령의 관할) ① 법 제63조의2에 따른 양육비 직접지급명령에 관한 사건은 미성년자인 자녀의 보통재판적이 있는 곳의 가정법원의 전속관할로 한다.

② 제1항의 가정법원이 없는 경우 소득세원천징수의무자의 보통재판적이 있는 곳의 가정법원의 전속관할로 한다.

제120조의7(신청에 의한 담보제공명령 및 일시금지급명령의 관할) ① 법 제63조의3제2항 및 제4항에 따른 담보제공명령 및 일시금지급명령에 관한 사건은 미성년자인 자녀의 보통재판적이 있는 곳의 가정법원의 전속관할로 한다.

② 제1항의 가정법원이 없는 경우 대법원소재지의 가정법원의 전속관할로 한다.

제121조(이행명령의 관할) ① 다음 각 호의 의무위반을 이유로 한 법 제64조의 규정에 의한 이행명령 사건은 미성년자인 자녀의 보통재판적이 있는 곳의 가정법원의 전속관할로 한다. 다만, 관할 가정법원이 없는 경우에는 대법원소재지의 가정법원의 전속관할로 한다.

　1. 법 제64조제1항제1호 중 신청 당시 미성년자인 자녀에 관한 양육비 지급의무

　2. 법 제64조제1항제2호 · 제3호의 의무

---

② 제1항 각 호 이외의 의무위반을 이유로 한 법 제64조의 규정에 의한 이행명령 사건은 의무자의 보통 재판적이 있는 곳의 가정법원의 전속관할로 한다. 다만, 관할 가정법원이 없는 경우에는 대법원소재 지의 가정법원의 전속관할로 한다.

제131조(관할) 감치에 처하는 재판은 수검명령·이행명령 또는 일시금지급명령을 한 가정법원의 전속관할로 한다.

다만, 구체적인 사건명에 따라 적용되는 법이 다를 수 있고, 적용되는 법에 따라 관할이 다를 수 있으니 이를 잘 확인하시거나 변호사에게 상담을 받아보시는 걸 추천합니다.

2. 변호사의 도움이 반드시 필요할까?

소송을 비롯한 법적 절차는 ① 형식을 제대로 갖추고 ② 절차에 맞는 방법으로 ③ 유효적절한 내용을 주장하는 것을 기본 원칙으로 하고 있습니다.

좀 더 깊이 들여다보자면 각 당사자의 주장과 그에 따른 반박, 즉 공격과 방어를 잘 선택해야 하고, 일부 소송행위의 경우에는 법적으로 정해진 기한이 존재하기 때문에 이를 철저히 지키는 것 또한 필수적으로 요구됩니다.

쉽게 예를 들자면, 축구선수가 농구선수처럼 공을 손으로 들고 달리면 안 된다거나 경기 시간이 다 끝난 후에 아무리 골을 넣어도 인정되지 않는 것들처럼 말이지요.

빠른 이해를 돕기 위해 간략히 설명드렸습니다만 양육비 관련 소송 또한 일반적인 소송과 마찬가지로 위와 같은 원칙들이 적용되고 아무리 유리한 위치에서 시작하더라도 제대로 된 대응을 하지 못한다면 소송에 패소하거나 불이익을 보는 것은 불 보듯 뻔한 일이라고 할 수 있습니다. 본인이 판단하기에 단순한 사건이라 할지라도 실제 소송에서는 그와 다를 수 있으므로 꼭 변호사를 선임하지 않더라도 상담 정도는 받아 보시는 것을 추천합니다.

그리고 변호사 선임 비용이 부담되실 경우, 미성년 자녀의 양육비 청구와 이행확보 지원 등에 관한 업무를 수행하기 위해 '양육비이행관리원'이라는 기구가 있고, '양육비이행관리원'에서는 양육비에 관한 상담 및 협의 성립의 지원, 면접교섭 지원, 양육비 청구 및 이행확보를 위한 법률지원 등 다양한 지원 서비스를 제공받으실 수 있습니다.

Q. 양육비와 관련하여 절차를 진행해야 하는데, 저는 아이를 직접 양육하고 있는 쪽이 아니라 아이에 대한 정보가 많지 않습니다. 어떻게 하는 것이 좋을까요?

A. 양육비 분쟁은 이혼 당시 협의 또는 판결을 받는 절차부터 정해진 양육비를 변경하는 절차까지 수많은 종류의 분쟁이 발생할 수 있는 영역입니다.

그 과정에서 당사자의 상황, 양육 대상인 미성년자의 수, 거주지역, 치료비 또는 교육비, 재산 상황 등 많은 요인들에 의해 양육비 산정 기준이 달라지고 각자가 놓인 상황에 따라 유효한 전략을 선택해야 최선의 결과를 가져올 수 있습니다.

그러나 비양육친의 경우, 직접 양육은 하지 않는 입장이다 보니 자녀의 상황을 파악하기도 어렵고 상대방이 주장하는 양육비 산정 내역을 제대로 반박하기도 어렵습니다. 게다가 본인의 상황이 악화되는 등 양육비를 변경할 수 있는 기회가 있음에도 이런 기회를 놓쳐 버리는 경우가 허다하게 발생하는 것이 현실입니다.

게다가 한번 결정된 것을 변경하기는 처음 결정보다 더 많은 시간과 노력을 요구하기에 분쟁이 발생한 초기부터 전문가와 상담을 받아 보고 도움을 받는 것이 후일 발생할 결과를 최선의 결과로 바꿀 수 있는 방법일 것입니다.

3. 공시송달제도와 악용사례

　일반적으로 양육비 지급 소송이나 이행명령 신청, 감치명령 결정과 같은 민사·가사 소송의 경우 재판부는 소송 상대방에게 서류를 송달하여 주는 절차를 거치도록 되어 있습니다. 이때 상대방의 주소·실거주지 등을 정확히 알지 못한다거나 폐문부재 등으로 송달이 되지 않는 경우가 종종 발생하는데요, 이 경우 당사자는 재판부의 보정명령에 따라 주민등록초본 발급 및 주소보정 신청 등을 통해 재차 송달해줄 것을 신청하거나 공시송달을 신청해서 재판 절차를 진행시킬 수 있습니다.

　앞서 언급한 것처럼 공시송달은 소송 상대방이 서류를 받지 않고 재판에 불응할 때 법원 게시판이나 관보에 서류를 게재한 뒤 송달을 대신하는 절차입니다. 상대방의 소재를 정확히 파악하기 힘든 경우라 할지라도 소송을 진행할 수 있는 장점이 있는 제도이지요.

　다만, 앞서 말씀드린 바와 같이 공시송달로 재판이 진행되고 감치명령을 양육비 채무자가 송달받지 않아 감치명령 결정 또한 공시송달의 방식으로 송달되면 감치불처벌 결정 등이 이루어지고 있습니다. 실제로 감치명령 결정을 받고도 1년 이내에 양육비를 지급하지 않아 양육비이행법에 따라 고소한 사례에서 사건을 접수한 수사기관에서 증거불충분으로 '혐의없음' 결정을 내린 사례가 존재합니다. 감치명령 결정등본을 공시송달해 피의자가 이 사실을 몰랐다는 것이 이유였습니다.

　이런 일들이 반복되다 보니 양육비를 지급받지 못해 소송을 제기한 사람이 상대방의 행방을 직접 찾아다니며 상대방이 고의로 서류를 송달받지 않는다는 것을 입증하기 위해 증거를 수집해야 하는 불합리한 경우에 놓일 수 있는 상황이 되어 사실상 유명무실한 제도가 되어가고 있는 현실입니다.

이에 여성가족부와 국회는 최근 양육비이행법을 개정하여 양육비 미지급자에 대한 행정제재 요건을 완화하고, 법원에서는 악의적 양육비 미지급자에 대해 실형 판결을 선고하는 등 양육비 미지급 문제가 심각한 사회 문제로 대두되고 있는 만큼 이런 불합리한 상황도 곧 해결될 수 있을 것으로 보입니다.

부록

양육비이행법

양육비 이행확보 및 지원에 관한 법률 (약칭: 양육비이행법)

[시행 2024. 9. 27.] [법률 제20417호, 2024. 3. 26., 일부개정]

제1장 총칙

제1조(목적) 이 법은 미성년 자녀를 직접 양육하는 부 또는 모가 미성년 자녀를 양육하지 아니하는 부 또는 모로부터 양육비를 원활히 받을 수 있도록 양육비 이행확보 등을 지원하여 미성년 자녀의 안전한 양육환경을 조성함을 목적으로 한다.

제2조(정의) 이 법에서 사용하는 용어의 뜻은 다음과 같다.
1. "양육비"란 「민법」 제4조에 따른 성년이 아닌 자녀(이하 "미성년 자녀"라 한다)를 보호·양육하는 데 필요한 비용을 말한다.
2. "양육비 채무"란 「민법」 제836조의2 및 「가사소송법」상의 집행권원이 있는 양육비용 부담에 관한 채무를 말한다.
3. "양육부·모"란 미성년 자녀를 직접 양육하고 있는 부 또는 모를 말한다.
4. "비양육부·모"란 미성년 자녀를 직접 양육하지 아니하는 부 또는 모를 말한다.
5. "양육비 채권자"란 양육자로 지정된 부 또는 모이거나 법정대리인 등 실질적으로 미성년 자녀를 양육하고 있는 사람으로서 양육비 채무의 이행을 청구할 수 있는 사람을 말한다.
6. "양육비 채무자"란 미성년 자녀를 직접 양육하지 아니하는 부 또는 모로서 양육비 채무를 이행하여야 하는 사람(비양육부·모의 부모가 부양료를 지급하여야 하는 경우에는 비양육부·모의 부모를 포함한다)을 말한다.

제3조(미성년 자녀에 대한 양육 책임) ① 부 또는 모는 혼인상태 및 양육여부와 관계없이 미성년 자녀가 건강하게 성장할 수 있도록 의식주, 교육 및 건강 등 모든 생활영역에서 최적의 성장환경을

조성하여야 한다. 〈개정 2018. 3. 27.〉

② 비양육부·모는 양육부·모와의 합의 또는 법원의 판결 등에 따라 정하여진 양육비를 양육비 채
권자에게 성실히 지급하여야 한다. 다만, 비양육부·모가 부양능력이 없는 미성년자인 경우에
는 그 비양육부·모의 부모가 지급하여야 한다.

제4조(국가 등의 책무) ① 국가는 부모가 미성년의 자녀를 최적의 환경에서 양육할 수 있도록 지원
하여야 한다.

② 국가 또는 지방자치단체는 양육부·모의 양육비 이행확보를 지원하기 위하여 전담기구를 설
치·운영하고, 이에 필요한 행정적·재정적 지원방안을 마련하여야 한다.

③ 국가와 지방자치단체는 미성년 자녀의 양육환경 조성을 위하여 양육부·모와 비양육부·모 등
에게 자녀양육비 이행과 관련한 교육과 홍보를 실시하여야 한다.

④ 공공기관 등 관련 법인·기관 및 단체는 국가 또는 지방자치단체가 양육비 이행확보를 위하여
수행하는 업무에 적극 협력하여야 한다.

제5조(양육비 가이드라인의 마련) 여성가족부장관은 자녀양육비 산정을 위한 양육비 가이드라인
을 마련하여 법원의 판결, 심판 등에 적극 활용될 수 있도록 노력하여야 한다.

제2장 양육비이행관리원의 설치 등

제6조(양육비이행심의위원회) ① 다음 각 호의 사항을 심의·의결하기 위하여 여성가족부에 양육
비이행심의위원회(이하 "위원회"라 한다)를 둔다.

1. 양육비 이행확보를 위한 제도의 신설 및 개선에 관한 사항
2. 양육비 채무 불이행자에 대한 제재조치에 관한 사항
3. 관계 행정기관 및 공공기관과의 협조에 관한 사항
4. 양육비 가이드라인의 마련에 관한 사항
5. 여성가족부장관 또는 위원회의 위원장이 양육비 이행확보와 관련하여 위원회에서 심의할 필
요가 있다고 인정하는 사항

② 위원회는 위원장 1명을 포함한 14명 이내의 비상임위원으로 구성하고, 위원장은 여성가족부차관이 된다.

③ 위원회의 위원은 다음 각 호의 사람으로 하되, 제3호의 위원의 경우 특정 성이 100분의 60을 초과하지 아니하도록 하여야 한다.

    1. 대통령령으로 정하는 중앙행정기관의 고위공무원단에 속하는 일반직공무원 또는 고위공무원단에 속하지 아니한 1급부터 3급까지의 공무원 중에서 소속 중앙행정기관의 장이 지명한 사람

    2. 법원행정처장이 지명한 판사

    3. 한부모가족 관련 정책 또는 양육비 이행지원과 관련한 학식과 경험이 풍부한 사람 중에서 위원장이 위촉하는 사람

④ 위원회에서 심의·의결할 사항을 미리 검토하고 전문적인 의견을 제출하기 위하여 위원회에 전문위원을 둔다.

⑤ 그 밖에 위원회 및 전문위원의 구성과 운영 등에 관하여 필요한 사항은 대통령령으로 정한다.

제7조(양육비이행관리원) ① 미성년 자녀의 양육비 청구와 이행확보 지원 등에 관한 업무를 수행하기 위하여 양육비이행관리원(이하 "이행관리원"이라 한다)을 설립한다. 〈개정 2024. 3. 26.〉

② 이행관리원은 법인으로 하고, 주된 사무소의 소재지에서 설립등기를 함으로써 성립한다. 〈개정 2024. 3. 26.〉

③ 이행관리원의 정관에는 다음 각 호의 사항이 포함되어야 한다. 〈개정 2024. 3. 26.〉

    1. 목적

    2. 명칭

    3. 주된 사무소 소재지

    4. 임원 및 직원에 관한 사항

    5. 이사회에 관한 사항

    6. 업무 및 그 집행에 관한 사항

    7. 재산 및 회계에 관한 사항

    8. 정관의 변경에 관한 사항

    9. 내부규정의 제정·개정 및 폐지에 관한 사항

10. 그 밖에 이행관리원의 운영에 관한 중요 사항

④ 이행관리원이 정관의 기재사항을 변경하려는 경우에는 여성가족부장관의 인가를 받아야 한다. 〈신설 2024. 3. 26.〉

⑤ 이행관리원에는 정관으로 정하는 바에 따라 임원과 필요한 직원을 둔다. 〈신설 2024. 3. 26.〉

⑥ 이행관리원은 다음 각 호의 업무를 수행한다. 〈신설 2024. 3. 26.〉

1. 비양육부·모와 양육부·모의 양육비와 관련한 상담

2. 양육비 이행 촉진을 위한 비양육부·모와 미성년 자녀의 면접교섭 지원

3. 양육비 청구 및 이행확보 등을 위한 법률지원

4. 한시적 양육비 긴급지원

5. 합의 또는 법원의 판결에 의하여 확정된 양육비 채권추심 지원 및 양육부·모에게 양육비 이전

6. 양육비 채무 불이행자에 대한 제재조치

7. 양육비 이행의 실효성 확보를 위한 제도 등 연구

8. 양육비 이행과 관련한 교육 및 홍보

9. 이 법 또는 다른 법령에 따라 위탁받은 업무

10. 그 밖에 양육비 채무 이행확보를 위하여 필요한 업무

⑦ 국가는 이행관리원의 설립·운영에 필요한 경비를 예산의 범위에서 출연할 수 있다. 〈신설 2024. 3. 26.〉

⑧ 이행관리원에 관하여는 이 법에서 규정한 것을 제외하고는 「민법」 중 재단법인에 관한 규정을 준용한다. 〈신설 2024. 3. 26.〉

제8조(직원 등의 파견요청) ① 이행관리원의 장은 양육비 이행 관련 업무의 실효성 확보를 위하여 필요한 경우 여성가족부장관을 거쳐 관계 기관에 공무원 또는 직원의 파견을 요청할 수 있다. 다만, 공무원의 파견을 요청할 경우에는 미리 주무부장관과 협의하여야 한다. 〈개정 2024. 3. 26.〉

② 제1항에 따른 공무원 또는 직원의 파견을 요청받은 기관의 장은 특별한 사정이 있는 경우를 제외하고는 파견요청에 응하여야 한다.

③ 제1항에 따른 파견직원의 업무 범위, 대상 및 요건 등에 관하여 필요한 사항은 이행관리원의 장이 정한다.

제9조(공익법무관의 파견요청)

① 이행관리원의 장은 여성가족부장관을 거쳐 법무부장관에게 공익법무관의 파견을 요청할 수 있다. 〈개정 2024. 3. 26.〉

② 제1항에 따른 공익법무관은 「변호사법」에 따른 변호사 자격등록을 하지 아니하고 변호사로서 법률구조업무를 수행할 수 있다.

제3장 양육비 이행확보 지원

제10조(양육비에 관한 상담 및 협의 성립의 지원) ① 비양육부·모 또는 양육부·모는 당사자 간 양육비 부담 등 협의가 이루어지지 아니할 경우 이행관리원의 장에게 양육비에 관한 상담 또는 협의 성립의 지원을 신청할 수 있다.

② 제1항의 상담 결과 비양육부·모와 양육부·모 간에 양육비 부담 등 협의가 이루어질 경우 이행관리원의 장은 협의한 사항이 이행될 수 있도록 하기 위한 지원을 할 수 있다.

③ 제1항에 따른 상담 또는 협의 성립의 지원 방법 및 절차 등 필요한 사항은 여성가족부령으로 정한다.

제10조의2(면접교섭 지원) ① 이행관리원의 장은 비양육부·모와 미성년 자녀의 관계를 개선하기 위하여 비양육부·모 및 양육부·모의 신청이 있는 경우 비양육부·모와 미성년 자녀의 면접교섭을 위한 지원을 할 수 있다. 다만, 「민법」 제837조의2제3항에 따라 면접교섭이 제한·배제되었거나, 면접교섭으로 인하여 양육부·모 및 자녀의 안전을 해할 우려가 있는 경우 지원을 배제·제한 또는 중단할 수 있다.

② 제1항에 따른 면접교섭의 지원 방법 및 절차 등에 필요한 사항은 여성가족부령으로 정한다.

[본조신설 2018. 12. 24.]

제11조(양육비 청구 및 이행확보를 위한 법률지원 등의 신청) ① 양육부·모는 이행관리원의 장에게 자녀의 인지청구 및 양육비 청구를 위한 소송 대리 등 양육비 집행권원 확보를 위한 법률지원을 신청할 수 있다.

② 양육비 채권자는 합의 또는 법원의 판결에 의하여 확정된 양육비를 양육비 채무자로부터 지급받지 못할 경우 이행관리원의 장에게 양육비 직접지급명령, 이행명령 신청의 대리 등 양육비 이행확보에 필요한 법률지원이나 양육비 채권 추심지원을 신청할 수 있다.

③ 국가는 제1항 및 제2항에 따른 법률지원 등에 드는 비용의 전부 또는 일부를 예산의 범위에서 지원할 수 있다.

④ 제1항 및 제2항에 따른 법률지원 등의 신청대상, 방법 및 절차 등에 필요한 사항은 여성가족부령으로 정한다.

제12조(양육비 채무자의 진술기회 부여) 이행관리원의 장은 양육부·모 또는 양육비 채권자의 신청으로 양육비 이행을 지원하는 경우 양육비 채무자의 신청이 있으면 양육비 채무자에게 의견 진술의 기회를 주어야 한다.

제13조(비양육부·모 또는 양육비 채무자의 주소 등의 자료 요청 등) ① 여성가족부장관은 양육비 집행권원 확보 또는 양육비의 이행확보를 위하여 필요하다고 인정하는 경우에는 특별자치시장·특별자치도지사, 시장·군수·구청장(자치구의 구청장을 말한다. 이하 같다)에게 비양육부·모 또는 양육비 채무자의 주민등록표의 열람 및 등본·초본의 교부를 요청하거나 국민건강보험공단의 장에게 대통령령으로 정하는 바에 따라 비양육부·모 또는 양육비 채무자의 근무지에 관한 정보 자료를 요청할 수 있다. 〈개정 2018. 12. 24.〉

② 제1항에 따른 요청을 받은 관계 기관의 장은 정당한 이유가 없으면 이에 따라야 한다.

[제목개정 2018. 12. 24.]

제14조(한시적 양육비 긴급지원) ① 제11조에 따른 양육비 청구 및 이행확보를 위한 법률지원 등을 신청한 양육비 채권자는 양육비 채무자가 양육비 채무를 이행하지 아니하여 자녀의 복리가 위태롭게 되었거나 위태롭게 될 우려가 있는 경우에는 이행관리원의 장에게 한시적 양육비 긴급지원(이하 "긴급지원"이라 한다)을 신청할 수 있다.

② 제1항에 따라 긴급지원 신청을 받은 이행관리원의 장은 대통령령으로 정하는 긴급지원 기준에 해당하는 경우 긴급지원을 결정할 수 있다. 다만, 이 법에 따른 지원대상자가 「국민기초생활 보

장법」 및 「긴급복지지원법」에 따라 동일한 내용의 보호를 받고 있는 경우에는 그 범위에서 이 법에 따른 긴급지원을 하지 아니한다.

③ 제2항에 따라 결정된 긴급지원의 지급기간은 9개월을 넘지 아니하여야 하고, 자녀의 복리를 위하여 추가 지원이 필요한 경우에는 3개월의 범위에서 이를 연장할 수 있다. 〈개정 2018. 3. 27.〉

④ 긴급지원의 대상, 금액, 지급시기 등 지원기준은 대통령령으로 정한다. 이 경우 긴급지원 금액은 제5조에 따른 양육비 가이드라인을 고려하여 책정한다. 〈개정 2018. 3. 27.〉

⑤ 이행관리원의 장은 긴급지원을 한 경우에는 그 지급액의 전부 또는 일부를 양육비 채무자에게 통지하여 징수하고, 양육비 채무자가 이에 따르지 아니하는 경우 여성가족부장관의 승인을 빋아 국세 체납처분의 예에 따라 징수한다. 〈개정 2020. 6. 9.〉

제14조의2(긴급지원 종료 등) ① 이행관리원의 장은 양육비 채무자가 양육비를 지급하면 그 즉시 긴급지원을 종료하여야 한다.

② 양육비 채권자는 양육비 채무자가 양육비를 지급한 사실을 알게 되는 등 긴급지원의 지급 요건과 관련한 사항에 변화가 있는 경우 이를 지체 없이 이행관리원의 장에게 알려야 한다.

③ 제2항에 따라 알려야 하는 내용과 방법 등은 여성가족부령으로 정한다.

[본조신설 2018. 3. 27.]

제14조의3(긴급지원 결정에 관한 이의신청 특례) ① 이행관리원의 장은 긴급지원 결정에 관한 이의신청을 받으면 그 신청을 받은 날부터 30일 이내에 이의신청에 대한 결과를 신청인에게 통지하여야 한다. 다만, 부득이한 사정으로 30일 이내에 통지할 수 없는 경우에는 그 기간을 만료일 다음 날부터 기산하여 30일의 범위에서 한 차례 연장할 수 있다.

② 제1항에서 규정한 사항 외에 이의신청에 관한 사항은 「행정기본법」 제36조에 따른다.

[전문개정 2024. 3. 26.]

제14조의4(비용환수) ① 이행관리원의 장은 양육비 채권자가 거짓이나 그 밖의 부정한 방법으로 양육비를 긴급지원 받은 경우에는 지원한 비용의 전부 또는 일부를 반환하게 하여야 한다. 다만, 양육비의 반환이 미성년 자녀의 복리를 위태롭게 할 경우에는 감경할 수 있다.

② 제1항에 따른 긴급지원 양육비의 반환 기간, 절차 및 그 밖에 필요한 사항은 대통령령으로 정한다. [본조신설 2018. 3. 27.]

제15조(양육비 이행 청구 및 조사) ① 이행관리원의 장은 제11조제2항에 따른 양육비 채권추심 지원에 관한 신청이 있을 경우에는 다음 각 호에 해당하는 사항을 양육비 채무자에게 서면(「전자문서 및 전자거래 기본법」 제2조제1호의 전자문서를 포함한다)으로 통지하여야 한다. 〈개정 2018. 3. 27.〉

　　1. 양육비 채권자로부터 채권 추심을 위임받은 사실

　　2. 양육비 채무 이행 최고

　　3. 채권자, 채무금액 등 채무에 관한 사항

　　4. 채무의 변제 방법

　　5. 채무 불이행 시 조치사항

　　6. 양육비 채무자의 의견 진술 기회 부여에 관한 사항

② 이행관리원의 장은 제1항의 통지 후 1개월 이내에 양육비가 지급되지 아니한 경우에는 양육비 채무자의 소득, 재산 등 양육비 지급능력을 확인하기 위한 조사를 진행하여야 하며, 이를 위하여 필요한 경우 「가사소송법」에 따라 이해관계를 소명하여 재판장의 허가를 받아 관련 사건기록의 열람 등을 신청할 수 있다. 〈개정 2018. 3. 27.〉

③ 이행관리원의 장은 양육비 채무자가 양육비 채무를 이행하는 경우에는 제2항에 따른 조사를 즉시 중지하여야 한다.

④ 제1항에 따른 통지의 방법 및 절차 등에 필요한 사항은 여성가족부령으로 정한다. 〈개정 2018. 3. 27.〉

제16조(양육비 채무자의 재산 등에 관한 조사) ① 여성가족부장관은 양육비 지급능력을 확인·조사하기 위하여 양육비 채무자에게 필요한 서류나 소득·재산 등에 관한 자료의 제출을 요구할 수 있고, 소속 직원으로 하여금 양육비 채무자의 소득·재산 등에 관한 자료를 조사하게 하거나 관계인에게 필요한 질문을 하게 할 수 있다.

② 여성가족부장관은 제1항에 따른 조사를 위하여 필요한 국세·지방세, 토지·건물, 건강보험·국

민연금, 출입국 등에 관한 자료의 제공을 본인의 동의를 받아 관계 기관의 장에게 요청할 수 있으며, 이 경우 요청을 받은 관계 기관의 장은 정당한 사유가 없으면 이에 따라야 한다. 다만, 제14조에 따라 한시적 양육비가 지급된 경우에는 본인 동의 없이도 이를 요청할 수 있다. 〈개정 2018. 3. 27.〉

③ 제2항 단서에 따라 자료를 제공받은 여성가족부장관은 양육비 채무자에게 그 제공사실을 알려야 한다. 〈신설 2018. 3. 27.〉

④ 제1항에 따라 조사를 하는 직원은 그 권한을 표시하는 증표를 지니고 이를 관계인에게 보여주어야 한다. 〈개정 2018. 3. 27.〉

⑤ 제1항에 따른 조사·질문의 범위·시기 및 내용과 제3항에 따른 통지 등에 필요한 사항은 대통령령으로 정한다. 〈개정 2018. 3. 27.〉

제17조(금융정보등의 제공) ① 여성가족부장관은 양육비 채무자의 재산을 조사하기 위하여 「금융실명거래 및 비밀보장에 관한 법률」 제4조제1항과 「신용정보의 이용 및 보호에 관한 법률」 제32조제2항에도 불구하고 양육비 채무자가 제출한 동의서면을 전자적 형태로 바꾼 문서에 의하여 대통령령으로 정하는 기준에 따라 인적사항을 기재한 문서 또는 정보통신망으로 금융기관등(「금융실명거래 및 비밀보장에 관한 법률」 제2조제1호에 따른 금융회사등 및 「신용정보의 이용 및 보호에 관한 법률」 제2조제6호에 따른 신용정보집중기관을 말한다. 이하 같다)의 장에게 금융정보·신용정보 또는 보험정보(이하 "금융정보등"이라 한다)를 제공하도록 요청할 수 있다. 다만, 제14조에 따라 한시적 양육비가 지급된 경우에는 본인 동의 없이 신용정보·보험정보를 요청할 수 있다. 〈개정 2020. 6. 9.〉

② 제1항에 따라 금융정보등의 제공을 요청받은 금융기관등의 장은 「금융실명거래 및 비밀보장에 관한 법률」 제4조제1항과 「신용정보의 이용 및 보호에 관한 법률」 제32조에도 불구하고 이를 여성가족부장관에게 제공하여야 한다.

③ 제2항에 따라 금융정보등을 제공하는 금융기관등의 장은 금융정보등의 제공 사실을 명의인에게 통보하여야 한다. 다만, 명의인의 동의가 있는 경우에는 「금융실명거래 및 비밀보장에 관한 법률」 제4조의2제1항과 「신용정보의 이용 및 보호에 관한 법률」 제32조제7항에도 불구하고 통보하지 아니할 수 있다. 〈개정 2015. 3. 11.〉

④ 제1항 및 제2항에 따른 금융정보등의 제공 요청 및 제공은「정보통신망 이용촉진 및 정보보호 등에 관한 법률」제2조제1항제1호에 따른 정보통신망(이하 "정보통신망"이라 한다)을 이용하 여야 한다. 다만, 정보통신망의 손상 등 불가피한 경우에는 그러하지 아니하다. 〈개정 2021. 1. 12.〉

⑤ 제1항 및 제2항에 따른 업무에 종사하고 있거나 종사하였던 사람은 업무를 수행하면서 취득한 금융정보등을 이 법에서 정한 목적 외의 다른 용도로 사용하거나 다른 사람 또는 기관에 제공하 거나 누설하여서는 아니 된다.

⑥ 제1항, 제2항 및 제4항에 따른 금융정보등의 제공 요청 및 제공 등에 필요한 사항은 대통령령으 로 정한다.

제17조의2(양육비 채무자의 소득·재산 등에 관한 자료의 파기) 여성가족부장관은 제16조에 따라 관계 기관으로부터 제공받은 소득·재산 등에 관한 자료 및 제17조에 따라 금융기관등의 장으로부 터 제공받은 금융정보등을 양육비 채권 추심이 완료되거나 제15조제3항에 따라 조사를 중지하는 등 양육비 채무 이행 목적을 달성한 이후에는「개인정보 보호법」제21조에 따라 파기하여야 한다. [본조신설 2018. 3. 27.]

제18조(양육비 이행확보를 위한 조치) ① 이행관리원의 장은 양육비 이행 지원을 위하여 필요한 경우 양육비 채권자가「가사소송법」및「민사집행법」에 따른 다음 각 호의 신청을 할 때 필요한 법 률지원을 하여야 한다.

1. 재산명시 또는 재산조회 신청
2. 양육비 직접지급명령 신청
3. 양육비 담보제공명령 신청
4. 양육비 이행명령 신청
5. 압류명령 신청
6. 추심 또는 전부명령 신청
7. 감치명령 신청 등

② 이행관리원의 장은 제1항에 따른 지원을 하는 경우 해당 법원에 관련 자료나 의견을 양육비 채

권자 또는 그 대리인을 통하여 제출할 수 있다.

제18조의2(현장지원반 구성·운영 등) ① 이행관리원의 장은 「가사소송법」에 따라 양육비 채무자에 대한 감치명령 결정이 있는 때에는 감치집행을 지원하기 위하여 현장지원반을 구성·운영할 수 있다.

② 현장지원반의 구성·운영 등에 필요한 사항은 여성가족부령으로 정한다.

[본조신설 2020. 6. 9.]

제19조(양육비 채무자의 재산에 대한 추심) ① 이행관리원의 장은 제18조에 따른 조치결과 지급받을 금전, 그 밖에 채무자의 재산에 대한 양육부·모의 추심을 지원할 수 있다.

② 이행관리원의 장은 제1항에 따라 추심한 금전, 그 밖의 재산이 있는 경우 이를 7일 이내에 양육비 채권자에게 이전하여야 한다.

③ 이행관리원의 장은 양육비 수령 여부를 확인하기 위하여 양육비 전용 계좌 개설 등 필요한 조치를 할 수 있으며, 양육비 채권자는 이에 협조하여야 한다. 이 경우 양육비 전용 계좌 개설 등에 필요한 사항은 여성가족부령으로 정한다. 〈신설 2020. 6. 9.〉

④ 제1항 및 제2항에 따른 추심지원과 이전에 필요한 사항은 대통령령으로 정한다. 〈개정 2020. 6. 9.〉

제20조(세금환급예정금액의 압류 및 차감) ① 여성가족부장관은 제18조 및 제19조에 따른 조치로 양육비 지급 이행이 완전하지 못할 경우에는 국세청장 및 지방자치단체의 장에 대하여 양육비 채무자의 국세 및 지방세 환급 예정금액(이하 "세금환급예정금액"이라 한다)의 압류를 요청할 수 있다.

② 여성가족부장관은 압류된 세금환급예정금액에 대하여 양육비 미지급분만큼 차감하여 양육비 채권자의 계좌로 이체하여 지급하여야 한다.

③ 제1항 및 제2항에 따른 세금환급예정금액의 압류, 차감 및 이체방법 등에 필요한 사항은 대통령령으로 정한다.

제21조(체납자료의 제공) ① 여성가족부장관은 양육비 지급 이행확보를 위하여 필요한 경우로서 「신용정보의 이용 및 보호에 관한 법률」 제2조제6호의 신용정보집중기관, 그 밖에 대통령령으로

정하는 자(이하 "신용정보회사등"이라 한다)가 양육비 채무자의 양육비 체납에 관한 자료(이하 "체납자료"라 한다)를 요구한 경우에는 이를 제공할 수 있다. 〈개정 2020. 2. 4.〉

② 여성가족부장관은 양육비 채무자가 양육비를 지급하지 아니할 경우에는 체납자료를 신용정보회사등에 제공할 수 있음을 양육비 채무자에게 미리 알려야 한다.

③ 여성가족부장관은 제1항에 따라 체납자료를 제공한 경우에는 대통령령으로 정하는 바에 따라 해당 체납자에게 그 제공사실을 알려야 한다.

④ 제1항에 따른 체납자료의 제공 절차 등에 필요한 사항은 대통령령으로 정한다.

제21조의2(가정폭력피해자 정보보호) 이행관리원의 장은 이 법에 따라 법률지원 등을 신청한 양육부·모 또는 양육비 채권자가 「가정폭력방지 및 피해자보호 등에 관한 법률」 제2조제3호의 피해자임을 알게 된 경우 가정폭력의 재발 방지 등을 위하여 양육부·모 또는 양육비 채권자의 주거·직장·연락처 등 신변 관련 정보가 같은 법 제2조제2호의 가정폭력행위자인 비양육부·모 또는 양육비 채무자에게 노출되지 아니하도록 적절한 정보보호 조치를 강구하여야 한다.

[본조신설 2018. 12. 24.]

제21조의3(운전면허 정지처분 요청) ① 여성가족부장관은 양육비 채무 불이행으로 인하여 「가사소송법」 제64조제1항제1호에 따른 이행명령 결정을 받았음에도 불구하고 양육비 채무를 이행하지 아니하는 양육비 채무자 중 대통령령으로 정하는 사람에 대하여 위원회의 심의·의결을 거쳐 지방경찰청장(지방경찰청장으로부터 운전면허 정지처분에 관한 권한을 위임받은 자를 포함한다. 이하 이 조에서 같다)에게 해당 양육비 채무자의 운전면허(양육비 채무자가 지방경찰청장으로부터 받은 모든 범위의 운전면허를 포함한다. 이하 이 조에서 같다)의 효력을 정지시킬 것(이하 이 조에서 "운전면허 정지처분"이라 한다)을 요청할 수 있다. 다만, 양육비 채무자가 해당 운전면허를 직접적인 생계유지 목적으로 사용하고 있어 운전면허의 효력을 정지하게 되면 양육비 채무자의 생계유지가 곤란할 것으로 인정되는 경우에는 그러하지 아니하다. 〈개정 2024. 3. 26.〉

② 제1항에 따른 여성가족부장관의 요청을 받은 지방경찰청장은 정당한 사유가 없으면 이에 협조하여야 한다.

③ 여성가족부장관은 제1항 본문에 따라 운전면허 정지처분 요청을 한 후 해당 양육비 채무자가

양육비를 전부 이행한 때에는 지체 없이 운전면허 정지처분 요청을 철회하여야 한다.

④ 제1항부터 제3항까지에서 규정한 사항 외에 운전면허 정지처분 요청 등에 필요한 사항은 대통령령으로 정한다.

[본조신설 2020. 6. 9.]

제21조의4(출국금지 요청 등) ① 여성가족부장관은 양육비 채무 불이행으로 인하여 「가사소송법」 제64조제1항제1호에 따른 이행명령 결정을 받았음에도 불구하고 양육비 채무를 이행하지 아니하는 양육비 채무자 중 대통령령으로 정하는 사람에 대하여 위원회의 심의·의결을 거쳐 법무부장관에게 「출입국관리법」 제4조제3항에 따라 출국금지를 요청할 수 있다. 〈개정 2024. 3. 26.〉

② 법무부장관은 제1항에 따른 출국금지 요청에 따라 출국금지를 한 경우에는 여성가족부장관에게 그 결과를 정보통신망 등을 통하여 통보하여야 한다.

③ 여성가족부장관은 양육비 채무의 이행, 양육비 채무자의 재산에 대한 강제집행 등으로 출국금지 사유가 해소된 경우에는 즉시 법무부장관에게 출국금지의 해제를 요청하여야 한다.

④ 제1항부터 제3항까지에서 규정한 사항 외에 출국금지 요청 등에 필요한 사항은 대통령령으로 정한다.

[본조신설 2021. 1. 12.]

제21조의5(명단 공개) ① 여성가족부장관은 양육비 채무 불이행으로 인하여 「가사소송법」 제64조제1항제1호에 따른 이행명령 결정을 받았음에도 불구하고 양육비 채무를 이행하지 아니하는 양육비 채무자 중 대통령령으로 정하는 사람에 대하여 양육비 채권자의 신청에 의하여 위원회의 심의·의결을 거쳐 다음 각 호의 정보를 공개할 수 있다. 다만, 양육비 채무자의 사망 등 대통령령으로 정하는 사유가 있는 경우에는 그러하지 아니하다. 〈개정 2024. 3. 26.〉

  1. 양육비 채무자의 성명, 나이 및 직업

  2. 양육비 채무자의 주소 또는 근무지(「도로명주소법」 제2조제5호의 도로명 및 같은 조 제7호의 건물번호까지로 한다)

  3. 양육비 채무 불이행기간 및 양육비 채무액

② 여성가족부장관은 제1항에 따라 명단 공개를 할 경우 양육비 채무자에게 3개월 이상의 기간을

정하여 소명 기회를 주어야 한다.

③ 제1항에 따른 공개는 여성가족부 또는 이행관리원의 인터넷 홈페이지에 게시하는 방법이나「언론중재 및 피해구제 등에 관한 법률」제2조제1호에 따른 언론이 요청하는 경우 제1항 각 호의 정보를 제공하는 방법으로 한다. 〈개정 2024. 3. 26.〉

④ 제1항부터 제3항까지의 규정에 따른 명단 공개 등에 필요한 사항은 대통령령으로 정한다.

[본조신설 2021. 1. 12.]

제4장 보칙

제22조(양육비 이행확보 지원의 우선 제공) 이행관리원의 장은 다음 각 호의 어느 하나에 해당하는 사람에게 우선적으로 양육비 이행확보 지원을 하여야 한다. 다만, 신청자의 과다, 이행지원 절차의 지연 등 정당한 사유가 있는 경우에는 그러하지 아니하다.

1. 「국민기초생활 보장법」제2조제2호에 따른 수급자

2. 「국민기초생활 보장법」제2조제11호에 따른 차상위계층

3. 「한부모가족지원법」제5조 및 제5조의2에 따른 지원대상자

4. 그 밖에 소득수준 등을 고려하여 여성가족부령으로 정하는 사람

제23조(수수료) ① 이행관리원의 장은 양육비 이행지원을 하는 경우 양육비 채무자에게 양육비 징수·이전에 소요되는 수수료를 납부하게 할 수 있다.

② 제1항에 따른 수수료 납부 대상과 방법 등에 관하여 필요한 사항은 여성가족부령으로 정한다.

제24조(업무의 위탁) ① 여성가족부장관은 대통령령으로 정하는 바에 따라 다음 각 호에 해당하는 업무를 이행관리원에 위탁할 수 있다. 〈개정 2018. 12. 24.〉

1. 제13조에 따른 비양육부·모 또는 양육비 채무자의 주소 등 자료 요청에 관한 사항

2. 제16조에 따른 양육비 채무자의 재산 등에 관한 조사에 관한 사항

3. 제17조에 따른 금융정보등의 제공에 관한 사항

4. 제20조에 따른 세금환급예정금액의 압류에 관한 사항

5. 제21조에 따른 체납자료의 제공에 관한 사항

② 이행관리원의 장은 대통령령으로 정하는 바에 따라 이 법에 따른 업무의 일부를 관련 기관·법인 또는 단체에 위탁할 수 있다.

제25조(비밀유지의 의무) 이행관리원의 장과 직원 또는 그 직에 있었던 사람 및 제24조에 따라 업무의 위탁을 받아 그 업무를 수행하거나 수행하였던 자는 그 업무를 수행하면서 알게 된 비밀을 누설하여서는 아니 된다.

제26조(유사명칭의 사용금지) 이 법에 따른 양육비이행관리원이 아니면 양육비이행관리원 또는 이와 유사한 명칭을 사용하여서는 아니 된다.

제5장 벌칙

제27조(벌칙) ① 제17조제5항을 위반하여 금융정보등을 사용·제공 또는 누설한 사람은 5년 이하의 징역 또는 5천만원 이하의 벌금에 처한다.

② 다음 각 호의 어느 하나에 해당하는 사람은 1년 이하의 징역 또는 1천만원 이하의 벌금에 처한다. 〈개정 2021. 1. 12.〉

1. 제25조를 위반하여 업무를 수행하면서 알게 된 비밀을 누설한 사람

2. 「가사소송법」 제68조제1항제1호 또는 제3호에 따른 감치명령 결정을 받았음에도 불구하고 정당한 사유 없이 감치명령 결정을 받은 날부터 1년 이내에 양육비 채무를 이행하지 아니한 사람. 다만, 피해자의 명시한 의사에 반하여 공소를 제기할 수 없다.

제28조(과태료) ① 제26조에 따른 유사명칭 사용금지를 위반한 자에게는 300만원 이하의 과태료를 부과한다.

② 제1항에 따른 과태료는 대통령령으로 정하는 바에 따라 여성가족부장관 또는 특별자치시장·특별자치도지사, 시장·군수·구청장이 부과·징수한다.

부칙 〈제20423호, 2024. 3. 26.〉 (행정법제 혁신을 위한 양육비 이행확보 및 지원에 관한 법률 등 3개 법률의 일부개정에 관한 법률)

제1조(시행일) 이 법은 공포한 날부터 시행한다.

제2조(「양육비 이행확보 및 지원에 관한 법률」의 개정에 관한 적용례) 이의신청에 관한 개정규정은 이 법 시행 이후 하는 처분부터 적용한다.

미성년 자녀를 양육하는 부모님들을 위한

양육비 제도
길라잡이

ⓒ 법무법인 지율, 2024

초판 1쇄 발행 2024년 12월 17일

지은이   법무법인 지율
펴낸이   이기봉
편집   좋은땅 편집팀
펴낸곳   도서출판 좋은땅
주소   서울특별시 마포구 양화로12길 26 지월드빌딩 (서교동 395-7)
전화   02)374-8616~7
팩스   02)374-8614
이메일   gworldbook@naver.com
홈페이지 www.g-world.co.kr

ISBN   979-11-388-3683-8 (03360)